Lotte und Ingeborg Hanreich

Joghurt, Käse, Rahm & Co.

Gesundes aus Milch selbst gemacht

2. Auflage

Leopold Stocker Verlag

Graz – Stuttgart

Umschlaggestaltung: Eibl Werbung und Marketing, Graz
Umschlagfoto: Foto Tropper, Graz
Fotos im Textteil: Britta Macho und Lotte Hanreich

Die Deutsche Bibliothek – CIP-Einheitsaufnahme

Hanreich, Lotte:
Joghurt, Käse, Rahm & Co. : Gesundes aus Milch selbstgemacht / Lotte Hanreich ; Ingeborg Hanreich –
Graz ; Stuttgart : Stocker, 2000
   ISBN 3-7020-0878-0

Der Inhalt dieses Buches wurde von den Autorinnen und vom Verlag nach bestem Wissen überprüft; eine Garantie dafür kann jedoch nicht übernommen werden. Die juristische Haftung ist daher ausgeschlossen.

Hinweis:

Dieses Buch wurde auf chlorfrei gebleichtem Papier gedruckt.
Die zum Schutz vor Verschmutzung verwendete Einschweißfolie ist aus Polyethylen chlor- und schwefelfrei hergestellt. Diese umweltfreundliche Folie verhält sich grundwasserneutral, ist voll recyclingfähig und verbrennt in Müllverbrennungsanlagen völlig ungiftig.

ISBN 3-7020-0878-0
Alle Rechte der Verbreitung, auch durch Film, Funk und Fernsehen, fotomechanische Wiedergabe, Tonträger jeder Art, auszugsweisen Nachdruck oder Einspeicherung und Rückgewinnung in Datenverarbeitungsanlagen aller Art, sind vorbehalten.
© Copyright by Leopold Stocker Verlag, Graz 2000; 2. Auflage 2003
Printed in Austria
Layout: Klaudia Aschbacher, Gratkorn
Gesamtherstellung: Druckerei Theiss GmbH, A-9400 Wolfsberg

INHALT

VORWORT 10

KUHMILCH UND MILCHINHALTSSTOFFE 13
  Allgemeines 13
  Inhaltsstoffe der Milch 13
    Eiweiß (Aminosäuren) 13
    Milchzucker (Lactose) 14
    Milchsäure 15
    Milchfett 15
    Amine 15
    Mineralstoffe 16
      Calcium 16
      Phosphor 16
      Magnesium und Kalium 17
    Spurenelemente 17
      Zink 18
    Vitamine 18
      Vitamin A und Carotin 18
      B-Vitamine 18
      Vitamin C 19
      Vitamin D 19
    Veränderungen der Milchbausteine 19
      Licht 19
      Transport und Lagerung 21
      Einwirken von Sauerstoff 21
      Erhitzen 21
      Zugabe von Säurekulturen 22
      Chemische Konservierung 22
    Schädliche Stoffe in der Milch 23
      Kolibakterien 23
      Listerien 23
      Nitrat, Nitrit, Nitrosamine 23
      Belastungen der Milch durch Umweltverschmutzung ... 24

MILCH UND GESUNDHEIT 25
  Allgemeines 25
  Cholesterin 25
  Milch als Grund- und Schutznahrung 26
  Gesund mit Milch 27
  Alte Hausmittel 28

Inhalt

SCHAFMILCH 31
   Allgemeines 31
   Kochen mit Schafmilch 33
   Gesund mit Schafmilch 33
   Alte Hausmittel 33

ZIEGENMILCH 35
   Allgemeines 35
   Gesund mit Ziegenmilch 35
   Alte Hausmittel 37

STUTENMILCH 38
   Allgemeines 38
   Gesund mit Stutenmilch 38
   Alte Hausmittel 38

MILCH IM HANDEL 39
   Milcharten im Handel 39
REZEPTE
   FRÜHSTÜCKSMÜSLI (FÜR 2 PERSONEN) 40
   GUTEN-MORGEN-MÜSLI 40
   GABELFRÜHSTÜCK, SCHULJAUSE 41
   MILCH-MIXGETRÄNK (FÜR 3–4 GLÄSER) 41
   HIMBEER-MIXGETRÄNK MIT ZUCKERRAND (FÜR 3–4 GLÄSER) 41
   ERDBEER-KIWI-MIXGETRÄNK (FÜR 3–4 GLÄSER) 41
   AUFBAUGETRÄNK (FÜR 2 GLÄSER) 41
   GRIESBREI 42
   MILCHREIS 42
   MILCHREIS, ÜBERBACKEN 42
   KARTOFFELPÜREE 42
   BÉCHAMELSAUCE FÜR AUFLÄUFE 42
   TIROLER KNÖDEL (FÜR 3 PERSONEN) 43

JOGHURT 44
   Allgemeines 44
      Vorteile von Joghurt 44
      Nachteile von Joghurt 45
   Joghurtarten 45
   So wird's gemacht 49
      Joghurtherstellung mit dem Joghurtbereiter 49
      Joghurtherstellung ohne Joghurtbereiter 49

Inhalt

    Fehler, die bei der Joghurtherstellung geschehen können 50
    Schafmilchjoghurt – eine Spezialität 50
    Alte Hausmittel 52
REZEPTE
    LASSI (INDIEN), AYRAM (TÜRKEI) 53
    JOGHURT-KÄSEBÄLLCHEN 53
    JOGHURT-BROTAUFSTRICH 53
    JOGHURT-SALATSAUCEN 53
    JOGHURT-SENF-MARINADE 53
    KRÄUTER-JOGHURT-MARINADE 54
    AMERICAN-DRESSING 54
    JOGHURT-KNOBLAUCH-SAUCE 54
    KALORIENSPARENDE MAYONNAISE 54
    SAUCE TATARE 54
    TSATSIKI 54
    FRANZÖSISCHE GORGONZOLASAUCE 55
    MÜSLI (SIEHE MILCH) 55
    JOGHURT-KALTSCHALE 55
    JOGHURT-TORTE 56
    JOGHURT-PUDDING (SIEHE BUTTERMILCH) 56
    JOGHURT-EIS 56
    SPORTLER-JOGHURT-DRINK (SIEHE MOLKE) 56
    KIWI-JOGHURT (FÜR 4 PERSONEN) 56
    BANANEN-JOGHURT-MIX (FÜR 2 GLÄSER) 56
    KAFFEE- ODER KAKAOCREME (FÜR 4 PERSONEN) 56
    JOGHURT MIT FRUCHTSAFT (FÜR 2 GLÄSER) 57
    JOGHURT-FRUCHT-GEMÜSE-GETRÄNK (FÜR 4–5 GLÄSER) 57
    SCHNELLE JOGHURT-VARIANTE 57

KEFIR 58
    Allgemeines 58
    So wird's gemacht 58
    Gesund mit Kefir 59
    Alte Hausmittel 59
REZEPTE
    KEFIRKUCHEN 60
    WASSERKEFIR 60

SÜSS- UND SAUERRAHM 61
    Allgemeines 61
        Schlagobers 61

Inhalt

Alte Hausmittel 61
REZEPTE
   SCHLAGOBERS-JOGHURT-CREME 62
   ERDÄPFELKAS 62
   GORGONZOLASAUCE 62
   SCHINKEN-RAHM-SAUCE 62
   KNOBLAUCHDIP 62
   KRÄUTERSAUCE 63
   SCHINKENROLLEN 63
   RAHMSUPPE (FÜR 2 PERSONEN) 64
   GEMÜSERAHMSUPPE 64
   KÜRBISRAHMSUPPE 64

BUTTER 65
   Allgemeines 65
   So wird's gemacht 65
      Butterherstellung im Butterfaß 65
      Butterherstellung im Mixbecher 65
   Vorteile von Butter 66
   Nachteile von Butter 66
   Alte Hausmittel 67
REZEPTE
   BUTTERSCHMALZ 68
   WEICHGERÜHRTE BUTTER 68
   KRÄUTERBUTTER 68
   KNOBLAUCHBUTTER 68

BUTTERMILCH 69
   Allgemeines 69
   Vorteile von Buttermilch 69
   Alte Hausmittel 69
REZEPTE
   BUTTERMILCH-KALTSCHALE 71
   BUTTERMILCH-PUDDING 71
   BUTTERMILCHBROT 71
   BUTTERMILCH-GETRÄNK 73
   BUTTERMILCH-MOLKE-MISCHGETRÄNK 73
   BUTTERMILCH-JOHANNISBEER-GETRÄNK 73
   MÜSLI 73
   BEIZE FÜR LEBER 73

SAUERMILCH ... 74
Allgemeines ... 74
So wird's gemacht ... 74
Andere Arten von Sauermilch ... 75
Acidophilusmilch ... 75
Ymer ... 75
Schwedische Langmilch ... 75
Gesund mit Sauermilch ... 77
Alte Hausmittel ... 77
REZEPTE
ZWISCHENMAHLZEIT ... 78
SAUERMILCHGETRÄNK ... 78
SPEISEN MIT SAUERMILCH ... 78
STERZ MIT SAURER MILCH ... 78

TOPFEN (QUARK) ... 79
Allgemeines ... 79
So wird's gemacht ... 79
Topfenarten ... 79
Alte Hausmittel ... 80
REZEPTE
TOPFEN WEICH MACHEN ... 82
TOPFENTEIG ... 82
PIZZA ... 82
APFELKUCHEN I ... 82
APFELKUCHEN II ... 83
SALZSTANGERLN ... 83
KÄSESTANGERLN ... 83
POWIDLTASCHEN ... 83
KNÖDELTEIG MIT TOPFEN ... 83
BRAUNE TOPFENKNÖDEL ... 84
TOPFENSCHMARREN ... 84
VANILLESAUCE ... 84
TOPFENCREME ALS FÜLLE FÜR 8 ÜBERBACKENE OMELETTEN ... 85
HEIDELBEERSOUFFLÉ (FÜR 4–6 PERSONEN) ... 85
TOPFENKUCHEN MIT FRÜCHTEN ... 85
TOPFENTORTE ... 85
PFIRSICHCREME (FÜR 3–4 PORTIONEN) ... 87
MELONE MIT TOPFENFÜLLE ... 87
TOPFENKUGELN FÜR DIE KÄSEPLATTE ... 87
TOMATENSCHIFFCHEN FÜRS KALTE BUFFET ... 87

AUFSTRICHE	88
WEISSER TOPFENAUFSTRICH	88
GRÜNER TOPFENAUFSTRICH	88
BUNTER TOPFENAUFSTRICH	88
ROTER TOPFENAUFSTRICH	88
WEISS-GRÜNER KRÄUTERTOPFEN	88
GELBER AUFSTRICH	88
TOPFENDIP	89

KÄSE … 90

Allgemeines … 90
Käsesorten … 90
So wird's gemacht … 96
    Frischkäse … 96
    Weichkäse … 97
    Hartkäse … 97
    Nur Mut! … 100
Gesund mit Käse … 101
Alte Hausmittel … 101
    Vorsicht bei Käse … 104

REZEPTE

KÄSEPLATTE	105
ZIEGENKÄSE-CREME	105
KÄSEBÄLLCHEN	105
ERDÄPFEL, ÜBERBACKEN, (FÜR 3–4 PERSONEN)	105
KARTOFFEL-KÄSE-AUFLAUF (FÜR 2 PERSONEN)	106
SCHWARZ- ODER WEISSBROT ÜBERBACKEN	106
WARME KÄSEBROTE	106
NUDEL-KÄSE-SALAT (FÜR 4–6 PERSONEN)	106
SALATE MIT KÄSE	106
ZIEGENKÄSEPARFAIT (FÜR 2–4 PERSONEN)	107
RACLETTE	107
KÄSEMÜRBTEIG	108
KÄSEKÜCHLEIN	108
KÄSE-SCHINKEN-ROLLEN (FÜR 8 STÜCK)	108
GEMÜSEAUFLAUF MIT BÉCHAMEL	108
KÄSENUDELN ODER KÄSENOCKERLN (FÜR 2 PERSONEN)	109
KÄSETÄSCHCHEN	109
KÄSESUPPE (FÜR 2 PERSONEN)	109
KÄSESOUFFLÉ (FÜR 2 PERSONEN)	109
KÄSEFONDUE	111

Inhalt

Französische Zwiebel-Käse-Suppe	111
Gebackene Käseäpfel	111
Käsestangerln	111

MOLKE 113
Allgemeines 113
Gesund mit Molke 113
Was beinhaltet reine Natur-Molke? 113
Alte Hausmittel 114
    Allerlei Tips rund um die Molke 116
Rezepte
Sportler-Getränk	117
Trinkmolke	117
Molke-Fruchtgetränk	117
Molkensuppe	117
Saurer Brei	117
Feldegger Dinkelbrot	117
Knäcke-Fladen	118

Molkekäsesorten 119
    Zieger 119
    Schotten 120
    Reibkäse 120
    Molkenkäse 120

LIEBE LESERIN, LIEBER LESER! 121

ERKLÄRUNG VON FACHBEGRIFFEN 123

LITERATUR 125

VORWORT

Milch zählt zu den wichtigsten Nahrungsmitteln überhaupt. Doch erst die Kenntnis der eigentlichen Inhaltsstoffe, deren Auswirkungen und das Zusammenspiel auf den menschlichen Organismus läßt ihr und den Milchprodukten die angemessene Hochachtung angedeihen.

Dieses Buch ist als Einstieg in das umfassende Wissen über Milch und Milchprodukte, ihre Herstellung und Zubereitung gedacht. Sie finden hier wichtige und neueste Erkenntnisse der Ernährungswissenschaft, gesundheitliche Aspekte, eine Sammlung alter Hausmittel und schließlich einfache, schnelle und praktische Küchenrezepte.

Die wissenschaftliche Beschäftigung mit Nahrungsmitteln und deren Auswirkungen auf den Organismus ist ein weites Gebiet.

Ernährungswissenschaftliche Untersuchungen haben aktuelle Erkenntnisse zur Folge, die zu Diskussionen, neuen Verhaltensweisen und, im weiteren, zu einem neuen Nahrungsmittelangebot der Industrie führen. Die Diskussion über Cholesterin brachte viele „Light"-Produkte sowie eine Fülle von Aufstrichen und fettarmen Produkten auf den Markt. Die Diskussionen über rechts- oder linksdrehende Milchsäuren, neuerdings auch über probiotische Bakterien und präbiotische Zusätze, haben neue Angebotspaletten von Joghurt- und Sauermilchprodukten im Handel bewirkt. Schließlich ist das Milch- und Milchprodukteangebot im Supermarkt fast unüberschaubar geworden und weit von dem entfernt, was unsere Großmütter seinerzeit darunter verstanden und ganz selbstverständlich in den damaligen täglichen Essensplan eingefügt haben.

Der moderne Angebotstrend in der Ernährung geht zur Zeit in Richtung Fertignahrung, die über Supermärkte ständig verfügbar ist. Dies fängt bei der fertigen Baby- und Kindernahrung an, geht über Superdrinks, Riegel, Burger und Pizzas für Jugendliche bis zur Single- bzw. Altennahrung im Kühlregal. Für jeden Bedarf wird die fertige Lösung angeboten. Kochen, liebevolles Zubereiten werden oft als zu zeitaufwendig betrachtet und von der Nahrungsmittelindustrie durch Fertigprodukte ersetzt.

Wer aber weiß gerade in unserer heutigen Zeit, wohin die Entwicklungen auf dem Nahrungsmittelsektor führen werden? Alle technischen Verfeinerungen und Arbeitserleichterungen bis hin zur völligen Arbeitsabnahme machen die alten Methoden, zumindest im Wissen und im praktischen Ansatz, keineswegs überflüssig. Das Abnehmen von individueller Arbeit seitens der Industrie führt oft zu Geschmacksvereinheitlichung. Darüber hinaus prägen Geschmackskomponenten, wie z.B. Vanillin, schon vom Babyalter an die industriellen Massenprodukte. Kein Wunder, daß Jugendliche geschmacksabhängig werden können.

Gleichzeitig entwickelte sich jedoch eine Gegenströmung. Selbermachen von Speisen wird zunehmend interessanter und wieder als Besonderheit, als kreative Tätigkeit geschätzt. Eine Fülle von Kochbüchern ist derzeit auf dem Markt. Neue und alte, teils nach neuesten ernährungswissenschaftlichen Erkenntnissen abgewandelte Rezepte werden in vielen Varianten dargestellt und regen zum Nachmachen und Ausprobieren an. Vielfach ist es wieder wichtig geworden, zu wissen, welche Inhalts-

Vorwort

stoffe in der Nahrung, die man der Familie anbietet, enthalten sind. Denken Sie an die vielen empfindlichen Menschen mit Allergien auf irgendeinen Lebensmittelbestandteil, sei es ein spezieller Geschmacksverstärker, Glutamat, ein Konservierungsmittel oder Milcheiweiß. Vielleicht erhält gerade dadurch das Selbermachen wieder seinen hohen Stellenwert zurück.

Daher sollte jeder von uns zumindest wissen, welche die natürlichen Grundnahrungsmittel und deren Produkte, wie Milch, Käse oder Joghurt, wirklich sind, wie sie entstehen, was man daraus machen kann und welchen Stellenwert sie in der Nahrung des Menschen einnehmen. Skandale in letzter Zeit bestätigen wieder: Qualität ist langfristig wichtiger als ein günstiger Preis. Meist ist das Selbstgemachte nicht nur besser, sondern obendrein billiger.

In der Entwicklung der Medizin und der Arzneimittelindustrie zeigt sich ebenfalls ein bedenklicher Trend. Für alle kleinen und kleinsten Wehwehchen gibt es schon fertige Pülverchen und Tinkturen. Es wurden nicht nur die alten Hausmittel weitgehend verdrängt, auch der Apotheker mischt nur mehr wenige Rezepte nach den Angaben eines Arztes selbst. So wird der Kunde auch bei kleinen Beschwerden mit Medikamenten bedient, die aus einem für Laien unübersichtlich gewordenen Arzneimittelangebot der Pharmaindustrie in den Regalen fertig vorrätig liegen.

Als Gegenströmung entwickelte sich das „alternative Heilen", und im Bereich der selbstverantwortlichen Lebensbewältigung wird wieder vermehrt auf alte Hausmittel zurückgegriffen. Mit der Kräuterkunde für jedermann, den homöopathischen Mitteln, den immer mehr in den allgemeinen Heilungsprozeß einbezogenen Alternativheilmethoden erfährt die Heilkunde eine ungeahnte Erweiterung.

Tatsächlich kann es manchmal für Sie von Vorteil sein, über die Bedeutung alternativer Heilmittel Bescheid zu wissen. So kann man bei leichten Beschwerden auf ein altes Hausmittel zurückgreifen, das noch unsere Großmütter mit Erfolg angewendet haben. Dazu gibt es viele Hinweise in diesem Buch, wozu das eine oder andere Hausmittel ausprobiert und dann in den eigenen Erfahrungsschatz eingereiht werden kann. Sicherlich muß man dafür auch selbst die Verantwortung übernehmen, d.h. man muß selbst einschätzen, ob es sich um ein kleineres Wehwehchen handelt, ob unbedingt ein Arzt aufgesucht werden muß bzw. ob man auf ein Medikament aus der Apotheke angewiesen ist, damit der Heilungsprozeß eingeleitet wird. Dies meinen wir sehr ernst!

Im Regelfall haben die natürlichen Heilmittel keine Nebenwirkung. Meist gilt der Spruch: „Hilft's nichts, so schad's nichts." Es ist aber zu vermerken, daß Personen mit Neurodermitis oder Milchallergie keine Anwendungen der alten Milch-Hausmittel an sich ausprobieren sollten! Hier wie bei allen schweren oder langanhaltenden Krankheiten ist auf alle Fälle eine Absprache mit dem Arzt, einer Ernährungswissenschafterin oder Diätassistentin angebracht.

Selbstverständlich haben wir nicht alle in diesem Buch angeführten Hausmittel selbst ausprobieren müssen. Mancher von Ihnen kann sich sicherlich noch aus seiner

Vorwort

Kindheit an die heiße Honigmilch, die Topfenwickel und die Ziegenmilch erinnern. Viele empfinden die naturbelassene Schafmilch und vor allem das Schafmilchjoghurt als aufbauend und für den Körper regenerierend. Doch jeder Organismus, auch der Ihre, reagiert anders, ist ein eigener „Kosmos". In letzter Konsequenz ist man bei allen Mitteln, auch solchen der Pharmaindustrie, immer selbst der Nutznießer oder der Geschädigte. Daher sind stets Selbstbeobachtung und Aufmerksamkeit wichtig: gegenüber Ihrem eigenen Körper, Ihrem geistigen und emotionalen Wohlbefinden, Ihrem psychischen Zustand und Ihren Reaktionen gegenüber allem, was von außen in Ihren Körper einströmt, also auch gegenüber der Qualität und Quantität von Speisen.

Es wird für Sie von Vorteil sein, zu wissen, was im Grundnahrungsmittel Milch enthalten ist, wie die daraus gewonnenen Produkte zubereitet werden und welche Möglichkeiten sich für die eigene Kochkunst eröffnen. Die Qualität wird auch von Ihrer liebevollen Art der Zubereitung und Ihrer eigenen Variationsmöglichkeit bestimmt. In der Zeit des großen und größten Angebots an Fertignahrung im Supermarkt und der „Fast-Food-Ketten" ergibt gerade Ihre eigene Kreation, und sei sie noch so einfach und schnell zubereitet, die persönliche Note und erhebt das Dargebotene über das Gewöhnliche hinaus.

Die Küchenrezepte haben wir, dem allgemeinen Trend zum raschen Kochen entsprechend, nach der Einfachheit des Zubereitens ausgewählt. Wegen der vielen kleinen Haushalte wurden einige Rezepte für zwei Personen errechnet. Für größere Haushalte können die angegebenen Maße leicht mit zwei multipliziert werden, für Singles werden die halben Maße genommen. Diese kleine Auswahl an Speisen und Getränken möge Ihnen als Anregung für Ihre Kochphantasie dienen.

An dieser Stelle möchten wir speziell Frau Dipl. oec. troph. Britta Macho danken, die für ihre Familie viele Speisen nach diesen Rezepten zubereitet und fotografiert hat. Weiters danken wir Lilly und Bernd Hagg, die uns ein ungestörtes Arbeiten am Buchtext ermöglichten, sowie Georg bzw. Andy für ihr Verständnis für unsere Arbeit.

Wir wünschen Ihnen mit diesem Buch reiche Erkenntnisse sowie viel Freude und besonders Mut all jenen, die noch nie versucht haben, Käse, Topfen oder Joghurt selbst herzustellen oder ihre Aufstriche selbst zu mischen.

März 2000   *Lotte und Ingeborg Hanreich*

KUHMILCH UND MILCHINHALTSSTOFFE

ALLGEMEINES

Milch ist das Sekret des Euters von Säugetieren bzw. der Brustdrüsen von Menschen. Tierische Milch dient dazu, das neugeborene Lebewesen mit Nahrung zu versorgen, das Baby mit Muttermilch zu nähren. Daher hat es die Natur so eingerichtet, daß alle wichtigen Aufbaustoffe in der Milch enthalten sind und dies in einer einander ergänzenden und gut abgestimmten Zusammensetzung.

Schon seit einigen tausend Jahren hat sich der Mensch Kuh, Ziege und Schaf, in manchen Gegenden auch Büffel und Pferd gehalten, um Milch für seine Nahrung zu gewinnen. Durch vorzeitige Trennung der Tiermutter vom Jungen gewinnt der Mensch über eine lange Zeit Milch für seine eigenen Zwecke. Da die tierische Milch anders als die menschliche Muttermilch zusammengesetzt ist, sollte dem Baby als Muttermilchersatz im ersten Lebensjahr nicht einfach tierische Milch zugefüttert werden. Der Verdauungsapparat des Babys würde damit überlastet werden (siehe Ingeborg Hanreich: „Essen und Trinken im ersten Lebensjahr").

Vor allem in Europa wird Kuhmilch als wesentliches Hauptnahrungsmittel geschätzt. Wegen ihrer essentiellen Inhaltsstoffe zählt man Milch nicht zu den durstlöschenden Getränken, sondern zu den wichtigsten Nahrungsmitteln. Sie sollte daher regelmäßig, jedoch nicht in übergroßen Mengen genossen werden.

Milch, meist Kuhmilcheiweiß, kann bei einzelnen Menschen Allergien und andere Störungen auslösen, die mit den Symptomen Atemwegsprobleme, Hautreaktionen, Darmbeschwerden oder Erbrechen einhergehen. In diesen Fällen sollte gemeinsam mit dem Arzt, einer Ernährungswissenschafterin oder Diätassistentin ein Ersatz – evtl. Ziegen- oder Schafmilch – gefunden werden, damit die wichtigen Inhaltsstoffe, wie Eiweiß, Calcium, Phosphor und Vitamine, in ausreichender Menge in der Nahrung gewährleistet werden.

INHALTSSTOFFE DER MILCH

Eiweiß (Aminosäuren)

Ohne Eiweiß gibt es kein Leben. Acht Eiweißbausteine (Aminosäuren) sind für den Menschen essentiell, d.h. lebenswichtig, weil der menschliche Organismus sie nicht selbst aufbauen kann. Da das menschliche Gewebe, die Enzyme und das Blutplasma großteils aus Eiweiß bestehen, ist es wichtig, alle essentiellen Aminosäuren in ausreichender Menge mit der Nahrung aufzunehmen.

Milcheiweiß besteht aus wichtigen Eiweißbausteinen, die im Körper u.a. Muskelmasse und Hormone bilden und zum Aufbau bzw. zur Regeneration des Körpers dienen. In der Nahrung ist die Kombination von Eiweißbausteinen aus pflanzlichen und tierischen Lebensmitteln besonders geeignet, unseren Körper mit den wichtigen Aminosäuren zu versorgen. In einer Mahlzeit ergänzen sich z.B. Milch und Vollkornprodukte sehr gut. Somit ergeben Vollkornweckerl mit Käse oder Joghurt mit Müsli eine hochwertige Eiweißkombination.

Tiere fressen Pflanzen und verwandeln diese in Milch oder Fleisch, also in tierische Nahrung für den Menschen. Aus der gleichen Menge Pflanzen kann ein Tier viermal mehr Milch bilden als Fleisch. Diese Gegenüberstellung zeigt: Vegetarier sind die sparsamsten Menschen. Eine vorwiegend vegetarische Ernährung, die Milchprodukte und Eier mit einbezieht, wirkt sich auch vorteilhaft für die Gesundheit aus: Enthält die menschliche Nahrung zu viel Fleisch (täglich sollten es maximal 1,1 Gramm je Kilo Körpergewicht sein), steigt die Gefahr einer Ammoniakproduktion im Darm. Mögliche Folgen sind Darmprobleme bis hin zu Dickdarmkrebs.

Kuhmilcheiweiß besteht aus etwa 80 % Casein und 20 % Molkeneiweiß (Albumin und Globulin). Letztere gehen beim Verkäsen in die Molke ab. Um die Albumin-Globulin-Konzentration in einigen Molkereiprodukten, wie Joghurt, Molke oder Topfen, zu erhöhen, wird Milch oder Molke ultrafiltriert und das Filtrat zusätzlich dem Milchprodukt beigemengt.

Milcheiweiß ist ein sehr sensibler Bestandteil der Milch und wird durch Erhitzen, Schütteln und Lichteinfluß verändert. Als Folge entsteht dann der typische Koch- oder der Lichtgeschmack, was nicht nur einer geschmacklichen Qualitätsminderung gleichkommt.

Säurebakterien verändern ebenfalls das Milcheiweiß. Dadurch wird Milch besser verdaulich, länger haltbar und differenzierter im Geschmack. Dies ermöglicht eine Vielzahl an verschiedensten Milchprodukten.

Milchzucker (Lactose)

Milchzucker (Lactose) dient dem Menschen zum Teil als Nahrung für die Darmbakterien, die wiederum für das Immunsystem des Menschen eine wichtige Rolle spielen.

Der Mensch benötigt zum Verdauen von Milchzucker allerdings das Enzym Lactase, welches der Körper im Alter vermindert bilden kann und das den Menschen in einigen, vorwiegend asiatischen, Ländern gänzlich fehlt. Dieser Mangel – Lactose-Intoleranz genannt – verursacht Blähungen, Durchfälle oder ein Druckgefühl im Bauch. Menschen, die an Lactose-Intoleranz leiden, können Sauermilchprodukte jedoch oft problemlos verzehren, denn der Milchzucker wurde darin durch Säurebakterien oder den Kefir-Pilz fermentiert oder vergoren und somit verwandelt (siehe Kapitel Joghurt etc.). Vorsicht ist jedoch angebracht bei Joghurt oder anderen Milchprodukten, die nachträglich eine Eiweißanreicherung durch Milchpulver erfahren haben, und auch bei Produkten, die nach der Fermentierung nochmals erhitzt wurden. Hier kann die Lactosekonzentration so hoch sein, daß die Symptome einer Lactose-Intoleranz trotzdem zutage treten können.

Milchsäure

Wenn Milch aus dem Euter kommt, ist sie noch etwa ½ Stunde keimarm. Erst dann beginnt ein eifriges Wachstum der Bakterien in der Milch, da diese ein idealer Nährboden für Bakterien und Keime ist. Durch Kontakt beim Melken bzw. über die Luft im Stall und am Aufbewahrungsort gelangen unter Umständen sowohl schädliche als auch nützliche Bakterien in die Milch. Heute hat man durch verbesserte Stallhygiene, Überwachung der Tiergesundheit sowie durch sofortige Abkühlung und Pasteurisierung der Milch die schädlichen Bakterien gut im Griff.

Bei der Pasteurisierung werden auch die nützlichen Bakterien, z.B. die Säurebakterien, abgetötet. Will man Milch anschließend zu Sauermilchprodukten oder Käse verarbeiten, muß ihr Säurekultur zugesetzt werden, damit eine gewünschte und gezielte Säuerung erfolgen kann. Im sauren Milieu können sich weder Fäulnis- noch die gefährlichen Kolibakterien gut vermehren. Daher sind Sauermilchprodukte länger haltbar als süße Milch, was für die Lagerung und Vorratshaltung günstig ist.

Die verschiedenen Milchsäurearten werden in den Kapiteln über die Sauermilchprodukte näher besprochen.

Milchfett

Fett dient dem Körper zur Energieversorgung und als Träger der fettlöslichen Vitamine A, D, E und K. Milchfett hat überdies den Vorteil, daß es leicht verdaulich ist.

Es ist in der Milch fein verteilt vorhanden. Da die Fettkügelchen leichter als die Magermilch sind, steigen diese innerhalb von einigen Stunden an die Oberfläche auf und bilden eine Rahmschichte. Um das Aufrahmen zu verhindern, wird die Milch homogenisiert, d.h. die Fettkügelchen werden mechanisch zerschlagen. Dadurch bleibt das Fett fein in der Milch verteilt.

Für die Rahm-, Sauerrahm- und Butterherstellung wird Rahm durch Zentrifugieren, seltener und heute nur mehr in wenigen Selbstversorgerhaushalten durch Abschöpfen von der Magermilch getrennt.

Amine

Amine entstehen durch Milchsäuregärung. Dabei zerlegen Enzyme das Eiweiß, also die Aminosäuren, in Amine und Kohlendioxyd (CO_2).

Amine sind an sich verträglich. Ein Zuviel in der Nahrung kann bei empfindlichen Personen allerdings Übelkeit, Schwindel, Kopfschmerz oder Durchfall auslösen.

Amine sind in Käse (Camembert, Tilsiter, Edamer, Emmentaler), aber auch in Rotwein, Nüssen, Sauerkraut, Tomaten, Bananen und Ananas enthalten.

Mineralstoffe

Die Milch enthält wesentliche Mineralstoffe, die für den menschlichen Organismus von großer Bedeutung sind.

Gehalt an Mineralstoffen in der Milch

Mineralstoff	Gehalt der Milch (in g/l)	
	Mittelwert	Schwankungsbreite
Ca	1,21	0,9 – 1,4
P	0,95	0,7 – 1,2
K	1,50	1,0 – 2,0
Na	0,47	0,3 – 0,7
Cl	1,03	0,8 – 1,4
Mg	0,12	0,05 – 0,24
S	0,32	0,2 – 0,4

(Renner, 1982)

Calcium

Calcium ist vor allem für Knochenaufbau, Zähne, Nervenaktivität, Blutdruck und immunologische Prozesse wichtig. Es ist wesentlich für die Blutgerinnung, die Muskelkontraktion und die Stabilisierung der Zellen.

Milch enthält pro Liter 1,2 g Calcium. In Labkäse ist Calcium konzentriert vorhanden, da sich dieses an die Eiweißbausteine bindet und kaum in die Molke abgeht. Bei Sauermilchtopfen geht jedoch wesentlich mehr Calcium in die Molke ab. In Butter sind nur Spuren von Calcium enthalten.

Der Tagesbedarf an Calcium beträgt für Erwachsene 0,8–1,0 g, für Schwangere, Stillende, Heranwachsende jedoch 1,2–1,3 g *(Quelle: Empfehlungen für die Nährstoffzufuhr der Deutschen Gesellschaft für Ernährung, 1995).* Calcium ist auch für den alternden Menschen sehr wichtig. Es beugt der Osteoporose vor und wird manchmal bis zu einer Tagesdosis von 1,5 g verordnet. Das in der Milch enthaltene Calcium kann vom Körper wesentlich besser verwertet werden als aus Calciumtabletten.

Phosphor

Ein weiterer wichtiger Mineralstoff ist Phosphor. Dieses Mineral ist ebenfalls für den Knochenaufbau und die Zähne wichtig. Erst Calzium und Phosphor gemeinsam ergeben die richtige Voraussetzung für einen guten Knochenaufbau, und zwar genau in dem Verhältnis, wie es in Milch vorhanden ist. Schon aus diesem Grund ist Milch ein wesentliches Nahrungsmittel.

Kuhmilch und Milchinhaltsstoffe

Magnesium und Kalium

Auch Magnesium und Kalium sind in der Milch im Verhältnis gut abgestimmt enthalten. Sie sind für die Muskelaktivität und das Nervensystem von großer Wichtigkeit. Außerdem regulieren sie den Wasser-, Säure- und Basenhaushalt. Beim Schwitzen gehen diese Mineralien mit dem Schweiß ab. Daher wird von Sportlern gewässerte Buttermilch oder Molke getrunken, um dem Körper nicht nur Flüssigkeit, sondern auch diese wichtigen Mineralien wieder zuzuführen.

½ l Milch deckt einen wesentlichen Teil des benötigten Tagesbedarfs an Magnesium ab. Bei zu geringer Magnesiumzufuhr können Muskelkrämpfe, Druckgefühl im Kopf, Schwindel, Konzentrationsschwäche, Benommenheit, Nervosität, Angst, Depression, Magen-Darm-Probleme, Herzdruck oder auch Herzrhythmusstörungen auftreten.

Spurenelemente

In der Milch sind eine ganze Reihe von Spurenelementen enthalten.

Gehalt an Spurenelementen in der Milch

Spurenelement	Gehalt der Milch (in µg/l)	
	Mittelwert	Schwankungsbreite
Cu	120	10 – 700
Fe	530	60 – 1000
Co	0,8	0,1 – 2
Mo	55	13 – 150
Zn	3600	1500 – 7000
Mn	50	10 – 280
J	75	5 – 400
F	125	10 – 280
Al	600	150 – 1000
As	45	20 – 60
B	300	100 – 600
Cr	17	5 – 50
Sn	170	40 – 500
Ni	25	0 – 50
Pb	30	2 – 70
Hg	4	1 – 15
Cd	4	1 – 30
Sr	350	40 – 1500
Se	25	2 – 70
Si	2600	750 – 7000

(Renner, 1982)

Zink

Zink ist das wesentlichste Spurenelement der Milch und hat viele Aufgaben. So aktiviert es mehr als 100 Enzyme im Körper und ist für das Immunsystem, den Muskelaufbau, die Wundheilung sowie für Nägel und Haare wichtig.

Bei physischem und psychischem Streß wird Zink vermehrt über den Harn ausgeschieden, wodurch der Körper in dieser Zeit daher an Unterversorgung leidet, die sich durch Haarausfall bemerkbar machen kann.

Bei einseitiger Zufuhr von Mineralstoffen (z.B. Eisen) durch Tabletten kann es leicht zu einem gestörten Mineralstoffverhältnis bzw. zu einem Zinkmangel kommen. Die Aufnahme von Zink aus der Milch ist maximal, wenn nicht gleichzeitig Getreide gegessen wird. Daher sollte die Vormittagjause bei nachgewiesenem Zinkmangel nur aus einem Glas Buttermilch oder einem Glas Joghurt bestehen.

Vitamine

In der Milch sind die fettlöslichen Vitamine A, D, E, K und die wasserlöslichen Vitamine B_1, B_2, B_6, B_{12}, C, Niacin, Pantothensäure, Folsäure sowie Orotsäure enthalten.

Vitamin A und Carotin

Dieses Vitamin ist für die Sehkraft, die Haut und das Immunsystem wichtig. Carotin ist eine Vorstufe von Vitamin A und ist in Kuhmilch enthalten, es verleiht der Butter die gelbliche Farbe. Da Vitamin A fettlöslich ist, kommt es in allen fettreichen Milchprodukten vermehrt vor.

In Schaf- und Ziegenmilch ist bereits Vitamin A und kein Carotin enthalten, daher sind Schaf- und Ziegenbutter weiß.

B-Vitamine

Alle Vitamin B-Arten sind für den Stoffwechsel wichtig. Vitamin B_2 (Riboflavin) fördert Wachstumsprozesse und ist für die Energiegewinnung wichtig. Sportler haben davon einen erhöhten Bedarf. Das Vitamin B_{12} (Cobalamin) ist sowohl für die Blutbildung als auch für die Wachstumsvorgänge wesentlich. Es ist in Schafmilch vermehrt vorhanden. Orotsäure wurde früher auch Vitamin B_{13} genannt. Sie ist ein vitaminähnlicher Bestandteil der Milch und für das Wachstum sowie die Regeneration wichtig. Schafmilch ist besonders reich an Orotsäure. In Kuhmilch ist im Vergleich nur etwa ¼, in Ziegenmilch nur ½ des Orotsäureanteiles der Schafmilch nachgewiesen. Orotsäure dient als Schlepper für Magnesium und gilt daher als krebshemmender sowie als zellregenerierender Bestandteil der Milch.

Vitamin C

Ascorbinsäure hat eine weitreichende Schutzfunktion. In Milch sind nur geringe Mengen enthalten. Um eine ausgewogenen Ernährung zu gewährleisten, werden Milchprodukte mit Vitamin-C-reichem Obst kombiniert.

Vitamin D

Dieses Vitamin hilft beim Calcium-Einbau in die Knochen. Vitamin-D-reiche Speisen (Fisch, Eigelb, Käse und Fleischwaren) und körperliche Bewegung in frischer Luft an der Sonne kurbeln den Knochenaufbau an. Dies ist vor allem für Kinder im Wachstum und für ältere Menschen wichtig.

Veränderungen der Milchbausteine

Milch ist ein sehr heikles Lebensmittel. Das heißt, daß sich die Struktur der einzelnen Bestandteile der Milch durch die verschiedensten Einflüsse verändern kann.

Licht

Setzt man Milch oder Milchprodukte dem Tageslicht, der direkten Sonneneinstrahlung oder auch künstlicher Beleuchtung aus, dann erhält man den „Lichtgeschmack". Wurde die Milch homogenisiert, so reagiert sie noch empfindlicher darauf. Auch tritt Vitaminverlust, vor allem bei den Vitaminen A, K, C sowie B_2, B_6, B_{12} und Folsäure, auf. In der Sonne baut sich Vitamin B_2 (Riboflavin) z.B. in wenigen Stunden bis zu 90 %, Vitamin C bereits in einer Stunde bis zu 70 % ab.

Kuhmilch und Milchinhaltsstoffe

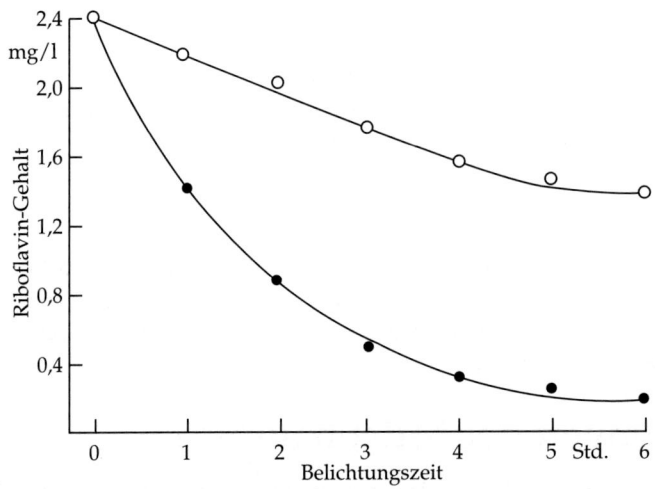

Riboflavin-Gehalt der Milch unter dem Einfluß einer natürlichen Beleuchtung:
●–●–● = *Sonnenlicht*   ○–○–○ = *diffuses Tageslicht*
(Renner, 1982, nach Kirmeier und Waiblinger 1969)

Einen gewissen Schutz bieten die dunklen Milchflaschen. Im Karton oder in einer Kanne ist optimaler Lichtschutz gegeben.

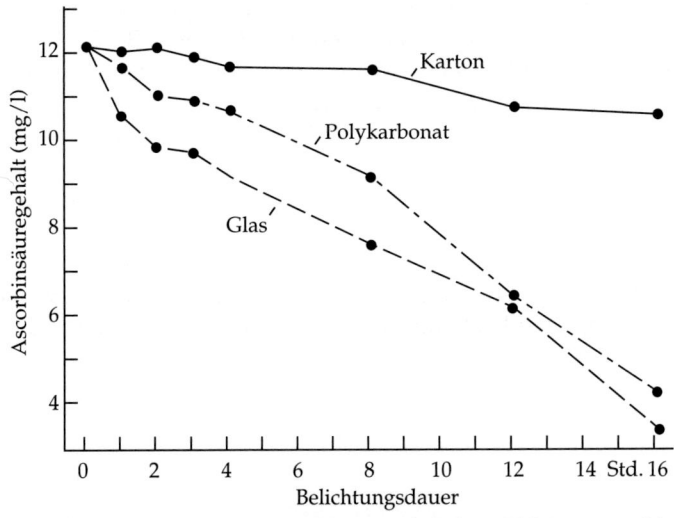

Einfluß des Lichts auf den Ascorbinsäuregehalt der Milch in unterschiedlichen Verpackungen in der belichteten Verkaufstheke (Renner, 1982)

Transport und Lagerung

Unruhiger Transport sowie ungünstige oder zu lange Lagerung haben starke Auswirkungen auf die Konsistenz und Qualität der Milch. Diese verliert dabei nicht nur an Vitamingehalt, auch die Eiweißbausteine verändern sich in ihrer Struktur.

Einwirken von Sauerstoff

Kommt Sauerstoff an die Rohmilch, z.B. durch offenes Stehenlassen, dann setzt an der Milchoberfläche ein Oxydationsprozeß ein und der aufgerahmte Rahm schmeckt nach einiger Zeit ranzig. Homogenisierte Milch ist davor jedoch weitgehend geschützt, weil das Fett nicht aufrahmt. Besonders die Vitamine A, B_{12}, C, E und Folsäure werden durch Einwirkung von Sauerstoff abgebaut.

Milch nimmt auch, wenn sie offen im Kühlschrank steht, alle Geschmäcker und Bakterien des Kühlschranks an und verdirbt schnell. Pasteurisierte Milch fault, weil sich die Fäulnisbakterien, die meist im Kühlschrank vorhanden sind, schon bei 5° C gut vermehren können, Säurebakterien jedoch nicht.

Erhitzen

Durch Erhitzen der Milch werden u.a. die krankmachenden Keime (TBC, Bang) in der Milch abgetötet Die Milch wird gleichzeitig haltbarer gemacht. Sie ist dadurch für den Handel und den Konsumenten besser lagerfähig.

- Pasteurisieren
    - Kurzzeit-Pasteurisierung   72–75° C, 15–30 Sekunden lang
    - Langzeit-Pasteurisierung   62–65° C, mindestens 30 Minuten
- Hocherhitzen   mindestens 85° C, mindestens 4 Minuten lang
- Ultrahocherhitzen   135–150° C, mindestens 1 Sekunde
- Sterilisieren   107–115° C, 20–40 Minuten lang

Beim Erhitzen der Milch ist die Temperatur und die Dauer des Erhitzens für den Vitaminverlust ausschlaggebend. Demnach ist Pasteurisierung schonender als Kochen oder Sterilisieren.

Kuhmilch und Milchinhaltsstoffe

Die Belastung beim Erhitzen der Milch im Verhältnis zum Pasteurisieren

Art der Erhitzung	Belastungsfaktor
Pasteurisieren	1
Ultrahocherhitzen	100 – 500
Kochen	5.000
Sterilisieren	10.000 – 20.000

Hitzeempfindlich sind vor allem: Folsäure, Vitamin B_2, B_{12}, Vitamin C und Orotsäure.

Vitaminverlust in der Milch bei verschiedenen Erhitzungsverfahren

Erhitzungs-verfahren	Verluste (in %) an				
	Thiamin	Pyridoxin	Cobalamin	Folsäure	Ascorbin-säure
Pasteurisierung	< 10	0 – 8	< 10	< 10	10 – 25
Ultrahocherhitzung	0 – 20	< 10	5 – 10	5 – 10	5 – 30
Kochen	10 – 20	10	20	15	15 – 30
Sterilisieren	20 – 50	20 - 50	20 – 100	30 – 50	30 – 100

(Renner, 1982)

Durch Erhitzen wird auch die Milcheiweißstruktur verändert.

Zugabe von Säurekulturen

Durch einfaches Stehenlassen der rohen, unpasteurisierten Bauernmilch bzw. durch Zugabe von entsprechenden Säurekulturen oder Pilzen bei pasteurisierter Milch werden bei entsprechenden Temperaturen ideale Bedingungen für eine Milchsäuerung geschaffen. So können Sauermilch, Joghurt, Kefir, schwedische Langmilch, Sauerrahm, Buttermilch, Molke oder Käse hergestellt werden. Unter anderem werden damit längere Haltbarkeit, eine Produktvielfalt und eine bessere Produktverdaulichkeit erzielt.

Chemische Konservierung

In tropischen und subtropischen Ländern ist die chemische Konservierung der Milch gebräuchlich. Durch einen Zusatz von 0,05–0,08 % Wasserstoffperoxid (H_2O_2) bleibt Milch bei 30° C haltbar. H_2O_2 zerstört fast alle Mikroorganismen, einzelne krankmachende Keime können jedoch in der Milch überleben. Das Pasteurisieren der Milch in diesen Ländern ist unbedingt notwendig. Meist wird die Milch zusätzlich abgekocht. Durch die Lagerung der Milch entweicht H_2O_2 wieder restlos. In unseren Breitengraden ist eine chemische Konservierung der Milch nicht gestattet.

Schädliche Stoffe in der Milch

Kolibakterien

Durch mangelnde Stallhygiene sowie bei der Verarbeitung oder Aufbewahrung der Milch gelangen Kolibakterien in die Milch. Hier finden sie einen idealen Nährboden vor. Schon ab 5° C können sie sich vermehren und verderben die Milch oder deren Produkte. Milch und Joghurt wird schlecht, Käse gebläht. Durch den Genuß von verdorbener Milch stellen sich beim Menschen Darmprobleme oder Ärgeres ein. Schon oft wurde eine ganze Partie Rohmilchkäse schlecht, weil unsauber gemolken wurde. Im Buch „Käsen leicht gemacht" findet sich ein ganzes Kapitel über Hygieneregeln bei der Milchverarbeitung. Hier sei nur erwähnt, daß Hygiene bei der Milchverarbeitung und Zubereitung der Speisen ganz generell überaus wichtig ist. Die Vermeidung von Kolibakterien in der Milch wird vor allem durch Pasteurisieren erzielt.

Listerien

Listerien sind Bakterien. Sie können überall vorkommen, also in Luft, Wasser, Boden, Kühlschrank, Wischtüchern und auch in Lebensmitteln. Normalerweise ist der Mensch mit genügend Abwehrkräften ausgestattet, so daß Listerien ihm nicht viel anhaben können. Anders ist es bei Schwangeren und deren Föten, stillenden Müttern, Babys sowie älteren und immungeschwächten Menschen. Babys bekommen die Listerien über die Muttermilch und können dadurch sehr gefährdet werden.

Pasteurisieren läßt die Listerien zwar absterben, danach aber können Milch und die Milchprodukte neuerlich davon befallen werden. Daher ist auch aus dieser Sicht Hygiene bei der Milchverarbeitung und -aufbewahrung sehr wichtig.

Listerien vermehren sich im Kühlschrank und überleben Temperaturen bis 60° C. Sie wurden vor allem in der Rinde von Rotschmierekäse aus Rohmilch gefunden. Hier ist es ratsam, die Rinde nicht zu essen. In anderen Käsesorten kommen sie weniger vor, da bei Hartkäse das Wasser für ihre Vermehrung fehlt und bei Frischkäse bzw. Topfen der Säuregrad für ihre Vermehrung zu hoch ist.

Nitrat, Nitrit, Nitrosamine

Nitrat gelangt in großen Mengen über die Düngung in die Pflanzen und ins Grundwasser. Es ist selbst ungiftig und wird vom Menschen großteils sofort ausgeschieden.

Unter bestimmten Umständen kann Nitrat jedoch in Nitrit umgewandelt werden. Daraus resultiert die Gefahr von Reaktionen von Nitrit und Aminen in Nitrosamine, die nachgewiesenermaßen krebserregend sind.

Nitrit hemmt die Sauerstoffaufnahme und ist für Babys bis zum 4. Lebensmonat sehr gefährlich. Daher muß man bereits für Babys auf eine sehr gute Wasserqualität achten. Neuerdings wird Tafelwasser, wenn es für Babys geeignet ist, als solches gekennzeichnet.

Milch an sich ist nitrat- und nitritfrei. Nitrat kann jedoch, sofern nitratreiches Wasser verwendet wird, bei der Käseverarbeitung, beim Bruchwaschen oder über das Salzbad in den Käse gelangen. Auch über Käsereisalze (Nitrate), die man zum Verhindern von Gasbildung im Käse einsetzt, und in Schmelzsalzen, die zum Schmelzen von Käse verwendet werden, kann es unter Umständen zu Nitratanreicherung im Käse kommen. Ein Nitratzusatz (Käsereisalze) von 15 g/100 l Kesselmilch ist in Österreich erlaubt. Durch ausreichende Reifung von Käse verringert sich die darin enthaltene Nitratmenge auf 6–8 mg/kg Käse. Diese Werte gelten als unbedenklich.

Erwachsene sollten maximal 50–100 mg Nitrat pro Tag zu sich nehmen. Davon werden über Käse, bei normalem Konsum, etwa 0,25 % aufgenommen, also im Verhältnis eine verschwindend geringe Menge, wenn man bedenkt, daß über nitratreiches Trinkwasser oftmals mehr als 20 % und über Gemüse (vor allem Glashausgemüse) bis zu 70 % der Nitratmenge aufgenommen werden.

Belastungen der Milch durch Umweltverschmutzung

Immer wieder las und liest man in den Medien von Skandalen wegen starker Umweltbelastung durch Schwermetalle. Das Aufzeigen hat zu einigen positiven Änderungen geführt. Denken Sie an die Einführung von bleifreiem Benzin, stärkeren Kontrollen und hohen Auflagen für die Industrie.

Milch ist von Umweltbelastungen ebenso nicht unberührt. Gras, Getreide werden vom Tier gefressen, und deren Inhaltsstoffe gelangen dadurch auch in die Milch.

Beim Menschen ist eine ähnliche Situation gegeben. So war die Muttermilch noch vor einigen Jahren stark mit Blei belastet, später erfuhr man von einer erhöhten Cadmiumbelastung.

Auch die radioaktive Belastung nach dem Reaktorunfall in Tschernobyl ist bekannt. Vor allem jene Tiere, die mit dem belasteten Regen in Berührung kamen, gaben diese Belastung sofort mit der Milch weiter, so daß diese Milch in den ersten Tagen nach dem Unglück nicht getrunken werden durfte. Während heute bei Pilzen immer noch eine geringfügige radioaktive Belastung nachgewiesen werden kann, konnte Milch bei unbelastetem Tierfutter (Heu von vor dem Unfall) schon nach kurzer Zeit wieder konsumiert werden.

In Zukunft wird aber weiterhin Aufmerksamkeit geboten sein, nicht nur bei Milch und Milchprodukten, sondern bei der gesamten Nahrung und im gesteigerten Maße bei Baby- und Krankennahrung.

MILCH UND GESUNDHEIT

ALLGEMEINES

Nach milchwirtschaftlichen Berichten änderten die Menschen im deutschsprachigen Raum ihr Ernährungsverhalten in den letzten Jahrzehnten grundlegend. Im und während des Krieges 1940/45 war eine Unterversorgung gegeben. Gegen 1955/60 entwickelten die Menschen eine unbändige Essensfreude, ab 1970 folgte eine Schlankheits- und ab 1985 eine Gourmetwelle.

Zur Zeit bemüht man sich um eine Idealkost, die gleichzeitig der Forderung nach gutem Geschmack, Schlankheit, Essensfreude und Ausgewogenheit nach ernährungswissenschaftlichen Erkenntnissen voll Rechnung trägt. Dabei wird stets auf eine vielseitige, gemischte, meist fettarme und vitaminreiche, gute und abwechslungsreiche Hausmannskost hingewiesen. Man weiß heute, daß Mangelernährung, einseitige Ernährung bzw. Diäten oder ein Zuviel an Nahrung die Ursache für erhebliche Störungen im Körper sein können.

Schon bei den einzelnen Milchbestandteilen wurde auf die Komplexität und die Gesundheitsaspekte der Milch hingewiesen. Auch im nächsten Kapitel wird viel altes Erfahrungsgut über die Milch dargeboten. Es bleibt jedoch stets die Aufforderung, bei schwereren Krankheiten unbedingt einen Arzt zu Rate zu ziehen und bei Eigenversuchen seinen Körper auf Veränderungen des Befindens genauestens zu beobachten, da schon geringe Veränderungen Hinweise auf verbessernde oder verschlechternde Einflüsse geben können.

CHOLESTERIN

Zur Cholesterindiskussion sei hier nur folgendes erwähnt:

Cholesterin ist eine lebenswichtige Substanz, die auch durch Eigensynthese im Körper selbst hergestellt wird.

Lebensmittel	Cholesteringehalt
Vollmilch	13 mg / 100 g
Rahm	100 mg / 100 g
Butter	260 mg / 100 g
1 Ei	280 mg / Stück mit ca. 60 g

Milchfett ist jedoch nur eine von vielen Cholesterinquellen. Denken Sie an Ei, fettes Fleisch, Hirn, Innereien etc. Auch ist der Cholesterinspiegel nur ein Faktor von vielen ungünstigen Einflüssen (z.B. Rauchen) auf Herz-Kreislauf-Krankheiten. Pro Tag soll-

Milch und Gesundheit

ten maximal 360 mg Cholesterin mit der Nahrung aufgenommen werden. Ein Gesamtcholesterinwert von über 200 mg/dl Blut gilt als leicht erhöht. Ab 260 mg Cholesterin in einem Deziliter Blut ist die Nahrungsfett- und Cholesterinmenge einzuschränken und es sollten mehr Gemüse- und Fischgerichte sowie Vollkornprodukte gegessen werden.

Es gibt viele fettarme Milchprodukte, die den Fettkonsum und die Cholesterinmenge einschränken helfen, z.B. Magermilch, Magertopfen, Kochkäse, Quargel.

MILCH ALS GRUND- UND SCHUTZNAHRUNG

Milch begleitet den Menschen sein ganzes Leben lang. Muttermilch ist nicht nur Anfangsnahrung, sie bietet – dank ihrer Inhaltsstoffe – auch dem Baby größtmöglichen Schutz vor Krankheiten und Allergien. Kuhmilch, als gebräuchlichste Milch im europäischen Raum, nimmt in der Nahrung für Kinder, Jugendliche und speziell auch für ältere Menschen einen wesentlichen Stellenwert ein. Milch von Schaf, Ziege, Büffel oder Pferd ist seltener als Kuhmilch, mühsamer und in geringeren Mengen zu gewinnen. Diese Milcharten gelten jedoch, dank ihrer zur Kuhmilch anders zusammengesetzten Inhaltsstoffe, nicht nur als Spezialität sondern auch als Heil- und Regenerationsmilch.

Milch ist nicht nur Grund- sondern auch Schutznahrung für den Menschen. Von Kindern und Erwachsenen sollte täglich mindestens ½ l, von Jugendlichen und alten Menschen etwa ¾ l Milch bzw. die entsprechende Menge der daraus bereiteten Milchprodukte genossen werden. Der tägliche Milchkonsum deckt dann etwa 70 % des täglichen Calcium- und Phosphorbedarfes für den Knochenaufbau ab. Die Knochen stützen den Körper und schützen die inneren Organe.

Milch und Milchprodukte bilden in verschiedenen Diäten einen wesentlichen Nahrungsbestandteil. Sie sind in der Ernährung des Diabetikers und des Gichtkranken ebenso wie bei Leber-Galle-Diäten enthalten. Milch sollte als Puffer gegen Übersäuerung bei Depressionen, Übergewicht und Magenerkrankungen vermehrt getrunken werden. Bei Mangelkrankheiten kann Milch den Körper wieder stabilisieren helfen.

Mit Milch läßt sich's leichter und besser lernen und sportln, denn ihr Vitamingehalt erhöht die Konzentrationsfähigkeit des Schülers und des Sportlers. So sind vor allem für das Kind das Glas Milchgetränk beim Frühstück, die Schulmilch und Milchspeisen wichtig.

Wenn Sie Ihrem Kind kein Milchgetränk zum Frühstück servieren, hat Ihr Kind gegenüber anderen Kindern einen Nachteil. Da der Kohlenhydratspeicher der Leber über Nacht ganz erschöpft ist, ist der Blutzucker in der Früh leicht abgesunken. Dieser Umstand erzeugt einen vorübergehenden Nährstoffmangel, der durch das richtige Frühstück ausgeglichen wird. Bei Absenkung des Blutzuckerspiegels können Erscheinungen, wie Erschöpfung, geringe Merkfähigkeit, Antriebsunlust bis zur Neigung zu Depressionen und Reizbarkeit, auftreten, die sonst nur bei Vitamin-, Eisen-

oder Spurenelementemangel vorkommen. Es erweist sich auch als besser, mehrmals täglich kleinere Mahlzeiten zu sich zu nehmen, um den Blutzuckerspiegel stets aufrechtzuerhalten. Milch eignet sich fürs Frühstück und als Zwischenmahlzeit für die Vormittags- und Nachmittagsjause besonders für Schüler und Studenten.

Kinder sollten auch aus einem anderen Grund genügend Vollmilch trinken, da das Milchfett und die in der Milch enthaltenen fettlöslichen Vitamine für eine normale Entwicklung sorgen und gleichzeitig Schutz vor Darminfektionen bieten.

Zu beachten ist, daß Milch nicht zu kalt, also nicht direkt aus dem Kühlschrank, und nicht überstürzt, sondern in kleinen Schlucken, gut eingespeichelt, getrunken bzw. „gegessen" werden sollte – was schon Hildegard von Bingen forderte.

Milch ist durch ihre feinabgestimmte Zusammensetzung auch für die allgemeine Befindlichkeit des Menschen ein besonders wichtiges Grundnahrungsmittel.

Nach neuesten wissenschaftlichen Erkenntnissen steigert Vollmilch die Gehirnkraft. ½ l Vollmilch täglich läßt – lt. University of Michigan – Magen-Darm-Krankheiten sowie Magengeschwüre überdies erst gar nicht entstehen. Das Milchfett enthält Prostaglandine, diese schützen Magen und Darm gegen giftige Chemikalien, was für Raucher oder Chemiearbeiter wichtig zu wissen ist (1–2 l Milch werden täglich verordnet). Eine japanische Studie hat ergeben, daß Menschen, die täglich Milch trinken, seltener an Magenkrebs erkranken als Menschen, die keine trinken. An der John Hopkins University wurde überdies herausgefunden, daß Vollmilch Antikörper gegen Viren enthält. Milch gilt überdies auch als Mittel gegen Bluthochdruck.

GESUND MIT MILCH

Spitzensportler, die einen erhöhten Nahrungsbedarf haben, trinken zur körperlichen Stärkung und zur Hebung ihrer Konzentrationsfähigkeit täglich 1 bis 3 l Milch bzw. Molke oder Buttermilch.

Für heiße Tage wird gewässerte, gesalzene Milch, Sauermilch, Molke oder Joghurt als Durstlöscher empfohlen.

Für naßkalte Tage eignet sich zum Aufwärmen heiße Milch mit Honig und evtl. Gewürzen, wie Zimt, Kardamom oder Vanille.

Hochbetagte Menschen sind mit essentiellen Aminosäuren, Vitaminen, Mineralstoffen und Flüssigkeit zumeist unterversorgt. Für Menschen ab 65 Jahren bedeutet der tägliche Genuß von ½ l Milch und 45 g Käse oder 100 g Topfen die Abdeckung von ⅓ des täglich notwendigen Energiebedarfes und der Nährstoffe. Darüber hinaus deckt Milch auch einen wesentlichen Teil des notwendigen Flüssigkeitsbedarfes ab. Häufig fehlt dem alten Menschen aber das zur Verdauung von Süßmilch notwendige Enzym. Daher wird älteren Menschen dann der Verzehr von Sauermilchprodukten und Käse empfohlen.

Milch gilt als Hauptnahrung zum Schutz vor Osteoporose. Ein Baby kommt mit insgesamt etwa 30 g Calcium zur Welt und baut aus der Nahrung Calcium und Phosphor in die Knochen ein. Im Alter von 30 Jahren weist der Mensch einen Gesamtcalciumgehalt von 1–1,5 kg in Knochen und Zähnen auf. Ab dem 35. Lebensjahr wird das Calcium aus den Knochen abgebaut. Nach der Menopause geht der Abbau bei zu geringer Calciumzufuhr bei Frauen stärker und schneller vor sich als bei Männern gleichen Alters. Fettarme Milch und Milchprodukte sind daher ein wichtiger Bestandteil der Altennahrung, da sie den vorzeitigen Abbau des Calciums aus den Knochen verzögern und damit die Knochenbrüchigkeit (Osteoporose) verringern helfen.

ALTE HAUSMITTEL

Vielfach werden in der heutigen Zeit alte Wissensschätze neu entdeckt und auch bereits in vielen Büchern und Kursen angepriesen. Bei all diesen Heilmethoden, auch bei den folgenden mit Milch und Milchprodukten, sei nochmals eine Warnung ausgesprochen: Nur was heilt, war richtig! Nur wer heilt, hat Recht! Bei ernsthaften Erkrankungen kann man nicht umhin, einen Arzt zu konsultieren, auch wenn man noch so viele alte Hausmittel und Alternativmethoden kennt. Die Hausmittel und gegebenenfalls eine Umstellung der Ernährung können den Heilprozeß jedoch unterstützen, beschleunigen und somit dazu beitragen, daß sich die Gesundheit wieder früher und evtl. auch nachhaltiger einstellt.

Milch wurde schon seit vielen Jahrhunderten in den verschiedensten Formen als Heilmittel für verschiedene Unpäßlichkeiten verwendet. Denken Sie z.B. an das Milchbad der Kleopatra. Damals wußte man bereits eine besonders feine Haut zu schätzen, wenn sich auch nur Königinnen und Priesterinnen ein Milchbad leisten konnten.

Wollen Sie die alten Hausmittel an sich ausprobieren, dann bedenken Sie dabei, daß Sie damit selbst die ganze Verantwortung für Ihre Befindlichkeit übernehmen. Nun kann sicherlich eine heiße Honigmilch nicht schaden, außer, und das ist ganz wesentlich, Sie sind allergisch auf Milch. Es ist also nicht jedes Hausmittel für jeden geeignet. Dies bei sich selbst richtig einzuschätzen, vor allem, wann ein Arzt gebraucht wird oder wann ein Hausmittel ausreichend zu helfen vermag, liegt immer in der Eigenverantwortung des Anwenders.

- Bei *Blähungen* trinke man regelmäßig ein Glas warme Milch, die mit einem ½ TL Fenchel oder Kümmel gekocht wurde.

- Bei *Brustentzündungen* mache man Umschläge mit in Milch gekochten Fenchelblättern. Auch ein Topfenwickel ist empfehlenswert.

- Menschen, die ständig mit *Chemikalien*, z.B. Spritzmittel, arbeiten, werden vom Arzt häufig 2 Liter fettreiche Milch pro Tag verordnet. Das Milchfett bindet die Chemikalien, die bei dieser Arbeit über die Lunge in den Körper gelangen können. Gegebenenfalls ist dabei der hohe Energiegehalt des Milchfettes zu beachten.

Milch und Gesundheit

- Zur Verringerung eines *überhöhten Cholesterinspiegels* im Blut empfiehlt es sich, Magermilch zu trinken.
- Bei *Dickdarmkrebs* sollen Magermilch oder Joghurt mit Azidophilusbakterien, aber auch magere Schaf- oder Ziegenmilch den Heilprozeß unterstützen.
- Für *brüchige Haare und Nägel* kann ein Zinkmangel verantwortlich sein, deshalb sollten vermehrt Milch und Milchprodukte auf dem Speiseplan stehen. Von einer gleichzeitigen Aufnahme von Getreideprodukten ist abzusehen, da Zink dann nicht maximal vom Körper aufgenommen werden kann.
- Häufige *Entzündungen und Hautreizungen* – sofern sie nicht durch eine Milchallergie ausgelöst werden – können durch einen Mangel an Vitamin B_2 (Riboflavin) entstehen. In Milch ist dieses Vitamin reichlich enthalten.
- Der Saft von Roten Rüben schützt in der Übergangszeit vor *Erkältungen*. Er läßt sich gut mit Milch, Zitronen- oder Apfelsaft kombinieren; von dieser Mischung trinke man täglich ein Glas.
- Bei vereitertem *Finger- oder Zehennagelbett* werden folgendem Bad gute Heilkräfte nachgesagt: Man mache frische Milch vom Bauern heiß und bade die entzündete Stelle darin zehn Minuten lang. Danach lege man eine gut zerkaute Brotrinde auf. Der Speichel soll zusätzlich bei der Heilung helfen.
  Auch hilft, wenn man den Finger bzw. die Zehen in einem kühlen Kamillentee mindestens 10 Minuten lang badet.
- *Fußschweiß* kann vermindert werden, wenn man häufig Milch und Milchprodukte sowie Gemüse und Obst ißt.
- Bei *Halsschmerzen* wird ein Umschlag mit kalter Milch oder ein Umschlag mit heißer Milch mit Holunderblüten empfohlen.
- Bei *Heiserkeit* sollte man ½ l heiße Honigmilch, eventuell mit etwas Weinbrand, schluckweise trinken. Für Kinder den Weinbrand weglassen!
- *Husten* spricht in leichteren Fällen auf Honigmilch sehr gut an. Dazu wird ein Eßlöffel Honig, Fenchelhonig oder Spitzwegerichsirup in einer Tasse heißer Milch aufgelöst. Eine Tasse dieses Getränks sollte morgens und abends so heiß wie möglich getrunken werden.
  Bei starkem Husten schafft vorübergehend möglicherweise ein Teelöffel gezuckerter Kondensmilch rasch Linderung. Ein Arztbesuch ist aber ratsam!
  Ein weiterer Tip gegen Husten: In eine Tasse kochender Milch einen Schuß Sodawasser oder kohlensäurehältiges Mineralwasser geben und davon so heiß wie möglich trinken. Das Sodawasser verhindert das Verschleimen der Bronchien. Dieses Getränk, mehrmals am Tag getrunken, lindert oder heilt den Husten.

Milch und Gesundheit

- *Kopfschmerzen* sollten abklingen, wenn man eine Tasse Milch mit einem Stamperl (Gläschen) Schnaps oder Rum trinkt. Bei Kindern ist davon jedoch abzusehen!
- Gegen *Mitesser* sollte der gleiche Trunk wirken.
- *Raucher* und Menschen mit *chronischer Bronchitis* sollten täglich viel Vollmilch trinken, da das Milchfett Nikotin bindet .
- Gegen *Rheumatismus* und Ischias könnte eine Milchkur vielleicht hilfreich sein. Man trinke 14 Tage hintereinander morgens, vor dem Frühstück, einen halben Liter warme Milch. Die Kur sollte nach zwei bis drei Wochen Pause wiederholt werden (siehe auch unter Molke).
- Bei *Schlaflosigkeit* erweist sich ein Glas heißer Milch mit Honig vor dem Schlafengehen als wirkungsvoll. Dies ist wesentlich gesünder und schmeckt auch besser als Schlaftabletten und ist jedenfalls ein Ausprobieren wert. (Früher fügte man noch ein frisches Eigelb hinzu, was man heute wegen möglicher Salmonellengefahr unterläßt.)
Nach neuesten Erkenntnissen des Massachusetts Institute of Technology ist Milch ein Muntermacher, der dazu stimuliert, genauer und schneller zu denken, während Zucker eher das Gehirn beruhigt.
- Auch gegen *Sodbrennen* kann Milch eingesetzt werden: Dazu sollte man eine Tasse Milch trinken oder ein mildes Joghurt zu sich nehmen.
- Bei *Magenerkrankungen* ist homogenisierte Milch besser bekömmlich als unbehandelte.
Die Hypothese, daß homogenisierte Milch zu Herzerkrankungen führen soll, konnte bisher nicht bewiesen werden.
Es gab Untersuchungen, wo bei der Fütterung von Katzen mit homogenisierter Milch die Röhrenknochen ab der dritten Generation länger wuchsen als bei Fütterung mit roher Bauernmilch.

> **Vorsicht!**
> Bei Fieber sollte keine Milch genossen werden!
> Auch sollen zwei Stunden nach dem Genuß einer Mango keine Milch und kein Alkohol getrunken werden.

Haben wir bis hierher Milch ganz allgemein hauptsächlich auf die am meisten gebräuchliche Milch, nämlich Kuhmilch, bezogen und behandelt, so wird im folgenden Kapitel der Unterschied zwischen den Milcharten von Schaf, Ziege und Pferd herausgehoben und in den Gegenüberstellungen zu Kuhmilch deutlich aufgezeigt.

SCHAFMILCH

ALLGEMEINES

Die Zusammensetzung der Schafmilch unterscheidet sich stark von der Kuh- und Ziegenmilch. Nicht nur, daß die Schafmilch die eiweißreichste Milch ist, ihr Gehalt an fast allen Vitaminen, Orotsäure, Spurenelementen und Mineralstoffen ist reicher als bei den anderen Milcharten. Es wird manchen Menschen schwerfallen, täglich ½ bis ¾ l Liter Kuhmilch bzw. die Milchprodukte daraus zu sich zu nehmen, wohingegen ¼ bis ½ l Schafmilch eher angenommen werden kann. Diese Menge deckt ebenfalls den größten Teil des Tagesbedarfs an Eiweiß, Vitaminen und Mineralstoffen, wie aus der unten angeführten Zusammenstellung ersichtlich ist.

In der folgenden Aufstellung wird das Verhältnis zwischen Kuh-, Schaf-, Ziegen- und Stutenmilch dargestellt, wobei angemerkt wird, daß bei Ziegen- und Schafmilch die Werte je nach Fütterung bzw. Laktationszeit unterschiedlich und daher zwei Werte angegeben sind.

Zusammensetzung und Inhaltsstoffe verschiedener Milchsorten

Zusammensetzung in %	Kuh	Schaf	Ziege	Stute
Fett	4,0	5,5 – 8,0	3,5 – 4,6	0,9 – 1,25
Eiweiß	3,3	4,0 – 6,2	3,0 – 3,5	2,13
Lactose	4,8	4,3 – 5,3	4,0 – 4,9	6,26
Salze	0,75	0,8 – 0,9	0,7 – 0,85	0,38

Mineralstoffe in mg/l	Kuh	Schaf	Ziege	Stute
Kalium	1440	550 – 1300	1650 – 2280	k.A.
Calcium	1180	1250 – 2200	1140 – 1630	1300 – 5000
Phosphor	930	1166 – 1320	840 – 1220	30 – 850
Natrium	500	370 – 590	340 – 520	k.A.
Magnesium	130	110 – 230	130 – 160	4 – 140
Chlorid	1100	710 – 920	1050 – 2590	44

Schafmilch

Vitamine	Kuh	Schaf	Ziege	Stute
A mg/0,1 l	0,003	0,05	k.A.	k.A.
B_1 mg/100 g	0,04	0,08	0,04	k.A.
B_2 mg/100 g	0,16	0,3	0,15	k.A.
B_6 mg/100 g	0,05	0,07	0,017	k.A.
B_{12} g/100 g	0,4	0,6	0,000	k.A.
C mg/0,1 l	14,7	42,5	k.A.	k.A.
F mg/0,1 l	11,3	47,2	k.A.	k.A.
PP mg/0,1 l	0,87	4,5	k.A.	k.A.
Folsäure g/100 g	6,0	5,4	1,03	k.A.
Pantothensäure mg/100 g	0,3	0,4	0,3	k.A.
Orotsäure mg/0,1 l	10,0	35,0–45,0	6,3	1,8

(Ida Schwintzer, 1983)

Der vitaminähnliche Inhaltsstoff der Milch, die Orotsäure (oros, auf Griechisch Molke) wurde um 1980 erforscht und genauere Studien dazu vorgenommen. Früher wurde sie auch als Vitamin B_{13} bezeichnet.

Orotsäure baut hochwertiges Zellkern-Eiweiß auf und wirkt daher im jugendlichen Organismus aufbauend. Regenerierend wirkt sie vor allem bei Leberleiden, Erkrankungen des Magen-Darm-Traktes, der Lunge, alternden Geweben und nach Allgemeinerkrankungen. Man sagt ihr auch heilende oder den Heilungsprozeß unterstützende Wirkung nach. Orotsäure dient als Schlepper für Magnesium und gilt daher als krebshemmend. Es ist eine Tatsache, daß Schafe krebsresistent sind. In Gegenden, wo hauptsächlich Schafmilch genossen wird, wie z.B. im Kaukasus, erreichen die Menschen häufig ein hohes Alter.

Amygdalin (Prunus amygdalus = Mandel), früher auch als Vitamin B_{17} bezeichnet, ist eine krebshemmende Substanz, die vermehrt in Schafmilch vorkommt. Es ist fettlöslich und verleiht der Schafbutter den typischen Mandelgeschmack. Amygdalin ist auch in Mandeln vorhanden.

Die Herstellung von Schafjoghurt wird im Kapitel „Joghurt" und im Buch „Käsen leicht gemacht" genauer beschrieben. Ida Schwintzer schreibt in ihrem Buch, daß Schafjoghurt, wenn es schonend erzeugt wird, hauptsächlich rechtsdrehende Milchsäuren entwickelt. Es ist auch günstig, aus Schafmilch Acidophilus-Milch herzustellen, da sich die Acidophilusbakterien am besten bei 37° C entwickeln. Wird Schafmilch aus kontrollierten Betrieben nicht höher als auf 45° C erwärmt, bleiben sämtliche Vitamine erhalten.

Schafmilch

KOCHEN MIT SCHAFMILCH

Alle Kochrezepte für Kuhmilch und Kuhmilchprodukte können auch mit Schafmilch und deren Produkten hergestellt werden. Allerdings sollte man Schafmilch anders behandeln als Kuhmilch. Zu hohe Erwärmung verändert die Inhaltsstoffe, vor allem das Eiweiß und die Vitamine der Milch, und dies sollte nach Möglichkeit vermieden werden. Will man jedoch mit Schafmilch kochen, müssen 10–30 % Wasser beigemengt werden, andernfalls flockt das Eiweiß aus. Das Pasteurisieren sollte so schonend wie möglich und nur, wenn es wirklich notwendig ist, durchgeführt werden.

Ein Tiefkühlen der Schafmilch ist möglich, wenn dies sehr rasch erfolgt und die Milch kurz vorher aufgequirlt wurde. Das Auftauen der Milch sollte jedoch dann schnell und ohne Überhitzung (unter 34° C) erfolgen. Die Milch flockt leicht aus, kann aber trotzdem verwendet werden. Mixen Sie sie in diesem Fall kurz durch. Allergiker oder Kranke können mit tiefgefrorener Milch dann auch den Winter über versorgt werden, wenn die Milchschafe keine Milch geben, da sie Lämmer bekommen.

GESUND MIT SCHAFMILCH

Man weiß schon lange von der Schafmilch, daß sie Heilnahrung ist. Besonders die Milchschafhalter schwören darauf und können von großen Heilerfolgen bei ihren Kunden berichten. Ein Vergleich der Inhaltsstoffe der einzelnen Milcharten vermittelt Ihnen ein besseres Bild.

ALTE HAUSMITTEL

Die Schafmilch kann bei folgenden Krankheitsbildern evtl. als Alternative zu Kuhmilch eingesetzt werden:

- *Blässe* und *Schwäche bei Kindern* soll schnell gebessert werden, wenn man dem Kind täglich ¼ l Schafmilch gibt.
- *Leichte Depressionen* vergehen durch den Genuß von Schafmilch und ihren Produkten.
- *Lebererkrankungen* sollen mit ihrer Hilfe ausgeheilt werden können.
- *Bei und nach einer Lungenentzündung* wirkt Schafmilch rasch regenerierend.
- *Magen-Darm-Erkrankungen* werden wegen des Schafmilchfettes verbessert.
- *Allgemeine Müdigkeit* wird durch Schafmilch bald verschwinden.
- *Neurodermitis* kann unter Umständen auf eine Kuhmilchallergie zurückzuführen sein. In manchen Fällen hat Schafmilch geholfen.

Schafmilch

- Schließlich dient sie auch als unterstützende Nahrung bei der *Krebsheilung* durch ihren hohen Anteil an Orotsäure.

Die Umstellung von Kuh- auf Schafmilch sollte bei schweren und chronischen Krankheiten mit dem Arzt besprochen werden. Schafmilch ersetzt die Medikamente nicht. Hat auch die Schafmilch auf den Heilungsprozeß eine günstige Wirkung, indem sie diesen unterstützt und in vielen Fällen dessen Dauer verkürzt, so darf nicht übersehen werden, daß sie kein Ersatz für ärztliche Medikation ist.

Der gute Heilungsprozeß ist auf die Zusammensetzung des Fettes, der Eiweißbausteine, des vermehrten Molkeneiweißanteiles, der Mineralstoffe und Vitamine, vor allem auch der Orotsäure, zurückzuführen. Von vielen Milchschafhaltern wird über gute Heilerfolge mit Schafmilch berichtet. Obwohl es keine allgemeine wissenschaftliche Bestätigung gibt, sind auch viele Ärzte davon überzeugt, daß Schafmilch die Therapie in vielen Fällen wesentlich unterstützen kann. Empfohlen wird ¼ bis ½ l Schafmilch pro Tag in Form von Süßmilch, Joghurt, Molke oder Käse.

ZIEGENMILCH

ALLGEMEINES

Ziegenmilch weist, wie die Übersicht zeigt, eine andere Zusammensetzung auf als Schaf- oder Kuhmilch. Sie galt in früheren Zeiten als die Milch der „armen Leute". Tatsache ist, daß diese Menschen meist sehr gesund waren und ein hohes Alter erreichten. Untersuchungen haben ergeben, daß sich die Eiweiß- und Fettmolekülstruktur der Ziegenmilch günstig auf die Verdauung auswirkt. Diese positiven Eigenschaften der Ziegenmilch machen sie zu einer wertvollen Schonkost- bzw. Heilnahrung.

Ziegenmilch kann als Trinkmilch, zum Kochen, als Joghurt oder Käse und vor allem auch als Molke verwendet werden. Ziegenkäse weist den bekannt pikanten Geschmack auf und wird schon allein deswegen vielfach geschätzt. Ziegenjoghurt ist fast flüssig und enthält vorwiegend rechtsdrehende Milchsäure. Joghurt wird aus pasteurisierter Milch hergestellt. Selbstverständlich wären in unpasteurisiertem Joghurt alle ursprünglichen Vitamine enthalten, doch wird, wie auch bei den anderen Milcharten, für die Sicherheit durch schonendes Pasteurisieren ein geringer Vitaminverlust in Kauf genommen. Da in Ziegenmilch Vitamin A und nicht dessen Vorstufe Carotin enthalten ist, besitzt die Ziegenbutter, wie bereits erwähnt, eine weiße Farbe.

Alle angegebenen Rezepte können auch mit Ziegenmilch ausgeführt werden.

GESUND MIT ZIEGENMILCH

Ziegenmilch gilt seit vielen Jahren als Heilmilch. Bereits die heilige Hildegard von Bingen hat bei vielen Krankheiten darauf hingewiesen, daß Ziegenmilch diese ausheilen helfen könne, z.B. TBC, Schwindsucht, Blässe etc.

Ziegenmilch bildet eine wertvolle Alternative zu Kuhmilch bei Neurodermitis und Unverträglichkeit von Kuhmilcheiweiß. Doch auch hier gilt, daß sie nur nach ärztlicher Untersuchung verwendet werden sollte, da manche Eiweißbausteine in allen Milchsorten so ähnlich sind, daß einige Allergiker sogar auch auf Ziegen- oder Schafmilch empfindlich reagieren können.

Ziegenmolke wird als Kurmolke in den Kurbädern verwendet. 2 bis 3 Liter Molke, am Tag getrunken, und 1 Liter Molke im Badewasser lassen angeblich überschüssige Kilos in wenigen Wochen verschwinden. Molkekurhäuser haben ursprünglich nur Ziegenmolke verwendet. Nachdem es um die Molkekurbäder viele Jahre lang still gewesen ist, wird Molke heute wieder zunehmend geschätzt und auch wieder in Kuranstalten eingesetzt.

Ziegenbutter wird als Hautcremebasis in der Naturkosmetik eingesetzt.

Welche der beiden Milcharten – Schaf- oder Ziegenmilch – besser ist oder wirkt, bleibt jedem Einzelnen überlassen. Es gibt eingeschworene Verfechter auf beiden Seiten, die oft kein Gutes an den anderen Milchsorten lassen, weil sie z.B. selbst Heilerfolge erfahren haben oder diese Milch und deren Milchprodukte verkaufen wollen.

Bereits in den Museen zu finden: Geräte zur Butter- und Käseherstellung

Eine Stute wird gemolken

Ziegenmilch

Wichtig ist zu wissen, daß man, je nach eigenem Mangel, aufgrund der Inhaltsstoffe der Milch die für einen wertvollere Milchsorte auswählen sollte. Weiters ist es gut, wenn man den Milchbauern kennt und sich von der Hygiene auf seinem Hof überzeugen kann, denn dann hat man die Sicherheit einer einwandfreien Milch.

ALTE HAUSMITTEL

- Bei *Asthma* soll ein Liter Ziegenmilch täglich helfen.
- Man sagt der Ziegenmilch nach, daß ihr bei der *Krebsvorbeugung* und *-heilung* eine wichtige Rolle zukommen kann.
- 1 Liter Ziegenmilch täglich wird auch bei und nach einer *Lungenentzündung* empfohlen.
- Bei *schmerzenden Gelenken und Rheuma* werden die Gelenke mit Ziegenbutter eingerieben. Überdies trinke man täglich ½ l Ziegenmilch.
- Eine günstige Heilwirkung wird ihr auch bei *TBC* und *Rachitis* zugeschrieben.
- *Venenentzündungen* heilt oder lindert man in Kuranstalten mit Topfenwickeln und Molkebädern (siehe auch unter Molke).

STUTENMILCH

ALLGEMEINES

Pferdemilch, die von Stuten gemolkene Milch, ist wäßrig, und das Eiweiß besteht aus verhältnismäßig viel Albumin und Globulin und kaum aus Casein. Deshalb kann diese Milch auch nicht verkäst werden.

GESUND MIT STUTENMILCH

Stutenmilch wird von Menschen mit Unverträglichkeitsreaktionen auf Kuhmilcheiweiß verwendet. Sie gelangt meist tiefgefroren zum Kunden und muß knapp vor dem Verzehr schonend im Wasserbad aufgetaut werden.

Stutenmilch ähnelt nicht, wie oft vermutet, der menschlichen Muttermilch so sehr, daß sie als Muttermilchersatz für Babys verwendet werden könnte. Das Baby wäre unterversorgt, und es würden Mangelerscheinungen auftreten. Außerdem tauchen vereinzelt Allergien auf Stutenmilch und den daraus gewonnenen kosmetischen Produkten auf.

Kumys ist vergorene Stutenmilch, ähnlich Kefir, daher alkoholisch, und ist in Asien (z.B. Tibet, Mongolei) gebräuchlich und bei Nomadenvölkern ein beliebtes Getränk.

ALTE HAUSMITTEL

- Stutenmilch gilt als Heilmilch und wird bei *Unverträglichkeit von Kuhmilcheiweiß* sowie
- bei *Lungenschwäche* eingesetzt.
- Darüber hinaus dient sie in der *Naturkosmetik* als Salben- und Körperpflegemittelbasis.

MILCH IM HANDEL

Außer bei Milch, die selbst „ab Hof" direkt vom Bauern geholt wird, wird Milch meist in der Flasche oder im Packerl angeboten.

Auf der Packung oder am Etikett der Flasche müssen folgende Daten vermerkt sein
Füllmenge
Ursprungsgebiet: Land, Region, Molkerei- oder Hofname
Art der Milch: Vollmilch, Babymilch, Bio-Milch
Fettgehalt: mit natürlichem Fettgehalt, 3,6 %, 3,0 % etc.
Nährwerttabelle mit Angaben je 100 g
Art der Behandlung: pasteurisiert, homogenisiert, hocherhitzt etc.
Herstellungs- oder Lagerablaufdatum
Qualitätsmarken
Vertriebsfirma

MILCHARTEN IM HANDEL

- *Milch vom Bauern, Ab-Hof-Milch:* ist meist gekühlt, sonst unbehandelt, mit einem natürlichen Fettgehalt von 3,8–4,5 %
- *Pasteurisierte Vollmilch:* homogenisiert, 3,6 % Fettgehalt, in Flaschen oder Päckchen
- *Kinderfrischmilch:* tagesfrisch, sehr hohe Qualität, 3,6 % Fettgehalt
- *Ultrahocherhitzte Milch:* bis zu 6 Wochen haltbar, 3,6 % Fettgehalt
- *Sterilisierte Milch:* 1 Jahr haltbar, 3,6 % Fettgehalt
- *Kondensmilch:* ist bis zu ⅓ eingedickt und hat 7,5 % Fettgehalt
- *Blockmilch:* ist soweit eingedickt, daß sie im festen Block, hauptsächlich für die Schokoladeerzeugung, geliefert werden kann.
- *Milchpulver oder Trockenmilch:* enthält nur mehr 4 % Wasser. Wird durch Walzentrocknung oder – schonender – durch Sprühtrocknung hergestellt. Verwendet wird Trockenmilch als Notvorrat, als Zusatz für Speisen und in der Lebensmittelindustrie für Fleischspeisen, Suppen, Backwaren, Süßwaren, Schokolade, Riegel etc.

REZEPTE

Die Kochrezepte wurden meist für 2 oder 4 Personen angegeben. Manchmal, z.B. bei Rezepten für Resteverwertung, wurden keine Mengenangaben gemacht, da sich die Portionen nach den vorhandenen Lebensmitteln, was der Kühlschrank etwa gerade hergibt, richten. An dieser Stelle möchte ich Ihnen Mut zum eigenen Experimentieren zusprechen. Wandeln Sie die folgenden Rezepte ab, probieren Sie Neues aus, gewinnen Sie neue Erkenntnisse und schaffen Sie Ihr eigenes, unübertreffbares Rezept für eine Speise, der Sie auch einen Fantasienamen geben können. Wenn auch einmal etwas anders schmeckt als gewohnt, so durchbrechen Sie damit die Gewohnheiten auf sicherlich interessante Weise. Viel Freude beim Kochen mit Milch und Milchprodukten!

Milchjause

FRÜHSTÜCKSMÜSLI (für 2 Personen)

4 EL Vollkornflocken ½ Stunde lang in etwas Milch einweichen, 1 Apfel raspeln, 1 Banane klein schneiden, 1 Orange in Stücke schneiden, 2–4 KL Sonnenblumenkerne, 2 TL Kürbiskerne, 1–2 TL Leinsamen, etwas Zitronensaft mit 2–4 TL Honig gut mischen und die bereits weichgewordenen Getreideflocken unterrühren. Nun nach Geschmack Milch oder Joghurt hinzufügen und gut verrühren.

Variante
Zur Beerenzeit können Beeren nach Wahl anderes Obst ersetzen. Im Winter können auch eingefrorene Beeren, kurz erwärmt, untergemischt werden.

GUTEN-MORGEN-MÜSLI

Für alle, die keine Zeit zum Einweichen des Getreides haben, ist das Guten-Morgen-Müsli ohne Getreideflocken, sonst zubereitet wie das Frühstücksmüsli, mit Obst der Saison ein erfrischendes vitaminhältiges Frühstück.

Rezepte

Gabelfrühstück, Schuljause

1 Grahamweckerl mit 30 g Emmentaler, Paprikastreifen und/oder 1 kl. Tomate sowie einer Scheibe frischer Gurke und einem Salatblatt füllen. Dazu wird als Ergänzung ¼ l Milch oder Kakao gereicht.

Milch-Mixgetränk (für 3–4 Gläser)

Geben Sie ½ l Milch in den Mixer, dann 2 Bananen, etwas zerteilt, hinzufügen und das ganze etwa 3 Min. mixen. Servieren Sie das Getränk in hohen Gläsern mit Strohhalmen.

Varianten
Statt Bananen können ebenso Erdbeeren, weiche, abgeschälte Pfirsiche oder Marillen, Heidelbeeren bzw. 2–4 EL Marmelade verwendet werden. Zucker ist meist nicht notwendig.

Himbeer-Mixgetränk mit Zuckerrand (für 3–4 Gläser)

½ l Milch, 250 g Himbeeren oder ¹⁄₁₆ l Himbeersaft, ⅛ l Orangensaft, etwas Zucker, Zitronensaft von ½ Zitrone.
    Das gut gemixte Getränk wird in ein Glas mit Zuckerrand gegossen und serviert.

Zuckerrand
Das Glas wird 1–3 mm tief in Zitronensaft getaucht und noch verkehrt gehalten, bis nichts mehr tropft. Dann wird das Glas in Kristallzucker, der eventuell mit etwas Himbeersaft gefärbt wurde, getaucht und einige Minuten stehen gelassen, bis der Zucker trocken geworden ist. Dann erst mit dem Mixgetränk füllen.

Erdbeer-Kiwi-Mixgetränk (für 3–4 Gläser)

½ l Milch wird mit 250 g Erdbeeren und 2–4 EL Zucker schaumig gemixt. Kiwistückchen werden mit einer Vanilleeiskugel in ein weites Glas gegeben, mit dem Getränk übergossen, mit Kiwi und Schlagrahm verziert.

Aufbaugetränk (für 2 Gläser)

¼ l Milch wird mit 2 TL Honig und ⅛ l Karotten- oder Roten-Rüben-Saft gut gemixt. Eventuell noch Traubenzucker und ⅛ l Schlagobers hinzufügen.
    Anstelle von Karotten- kann auch Tomatensaft verwendet werden. Dann wird kein Honig, sondern Salz und Pfeffer mitgemixt.

GRIESBREI

½ l Milch wird mit etwas Zucker aufgekocht und Gries (Menge je nach gewünschter Dicke) unter ständigem Rühren langsam dazugegeben. Noch ein wenig aufwallen und bei niederer Wärme eindicken lassen. Umrühren nicht vergessen!

Dieses beliebte Abendessen für Kinder und ältere Menschen kann mit Himbeersaft oder Schokoladestreusel serviert werden.

MILCHREIS

½ Tasse Reis pro Person wird in der doppelten Menge Milch erwärmt und vorsichtig zum Kochen gebracht. Dann wird der Milchreis zugedeckt und auf der warmen Kochplatte so lange warm gehalten, bis er gar ist. Vor dem Servieren gießt man Himbeersaft oder Schokoladestreusel auf den fertigen Milchreis.

MILCHREIS, ÜBERBACKEN

(Als Dessert für 4 Pers., als Hauptmahlzeit für 2 Pers.)

200 g Reis (1 große Tasse) werden in die doppelte Menge kalten Wassers gegeben und mit etwas Salz gekocht. ⅛ l Milch und 1 Ei werden verquirlt, mit dem Reis gemischt, in eine Backform gegeben und mit etwas Zucker bestreut. Anschließend wird diese Masse bei 180° C etwa 30 Minuten goldbraun gebacken. Vor dem Servieren mit Zimt und Zucker bestreuen. Als Beigabe eignet sich Apfelkompott.

Variante
Vor dem Backen Apfelspalten oder entkernte Kirschen in die Reismasse einlegen.

KARTOFFELPÜREE

½ kg große Kartoffeln kochen, schälen und durch die Kartoffelpresse pressen oder zerstampfen und salzen. ¼ l Milch stark erhitzen und die gepreßten Kartoffeln einrühren. Zum Schluß 1–2 TL Butter unterrühren und gleich servieren. Als Geschmacksbereicherung kann man etwas Muskat einrühren.

BÉCHAMELSAUCE FÜR AUFLÄUFE

1 EL Butter im Topf zergehen lassen und 1 EL Mehl einrühren, glattrühren und unter ständigem Rühren vorsichtig erhitzen.

Den Topf vom Herd nehmen und ⅜ l Milch langsam einrühren, salzen, pfeffern und wieder auf den Herd stellen und unter ständigem Rühren zum Kochen bringen. Wenn die Masse kocht und eingedickt ist, wieder vom Herd nehmen und überkühlen lassen, 1–3 Dotter einrühren und dann 100 g geriebenen Käse unterziehen.

Über den vorbereiteten Auflauf gießen, mit Butterflocken bestreuen und im Rohr bei 200° C goldgelb backen.

Als Auflauffülle eignen sich Nudeln oder Kartoffeln, vermischt mit Gemüsen, Käse- oder Wurststückchen bzw. gegartem Fleisch. Entweder wird der Auflauf in einer beschichteten Backform gebacken oder in einer unbeschichteten Form, die mit Butter ausgestrichen und mit Bröseln bestreut wurde.

TIROLER KNÖDEL (für 3 Personen)

⅛ l Milch, 2 Eier sowie Salz versprudeln und über 3 Tassen trockenes Knödelbrot gießen. 1 Tasse Selchfleisch- oder Speckwürfel von durchzogenem Speck, 3 geschnittene Zwiebeln, 3 EL gehackte Petersilie in der Pfanne in Öl auflaufen lassen und dazumischen. 6 EL Mehl darüberstreuen und einmischen. Mit feuchten Händen Knödel formen und in gesalzenem Wasser 12–15 Min. langsam kochen lassen.

JOGHURT

ALLGEMEINES

Joghurt ist ein Sauermilchprodukt, das in den vergangenen 50 Jahren nach und nach die normale Sauermilch verdrängt hat. Es kommt aus südlichen Ländern, Arabien, Syrien, Griechenland, und wurde dort aus gekochter Milch – in Griechenland vorwiegend aus Schafmilch – hergestellt.

In Mitteleuropa gibt es heute in den Regalen der Lebensmittelläden und Supermärkte eine Vielzahl verschiedenster Joghurtarten und -mischungen: Naturjoghurt unterschiedlicher Fettgehalte, Joghurt, versetzt mit Zucker, Früchten, Marmelade, Kaffee, Gewürzen oder Aromastoffen, Spezialjoghurt mit speziellen Bakterien, oder Joghurt und Joghurtcremes mit Fantasienamen. Diese Produkte sind oft mit Bindemitteln, Gelatine, Milchpulver, Molkeneiweiß, künstlichen Aromen oder Zusatzstoffen, wie Sorbinsäure oder Benzoesäure, wenn auch manchmal in geringsten Mengen, versetzt. Die Vielfalt des Angebotes verwirrt einerseits den Kunden, andererseits zeigt sie, was man aus dem Ausgangsprodukt Naturjoghurt alles selbst machen könnte, auch ohne Zusatzstoffe und Aromen.

Die fermentative Umwandlung von Milchzucker zu Milchsäure bei der Herstellung von Joghurt wird durch verschiedene Milchsäurekulturen bewirkt und hat nicht nur geschmackliche Vorzüge.

Vorteile von Joghurt

- Die Milchzuckerverwertung ist auch bei Laktose-Intoleranz verbessert. Joghurt ist daher für ältere Menschen, Jugendliche und auch Asiaten ein wichtiger Nahrungsbestandteil.

- Eiweiß wird in kleinere Bausteine zerlegt und ist dadurch leichter verdaulich.

- Milchsäure fördert die Aufnahme von Calcium und wirkt fäulnisverhindernd.

- Durchfallerkrankungen wird mit Joghurt vorgebeugt oder diese werden damit geheilt.

- Die Darmflora wird mit Joghurt regeneriert, z.B. wenn nach Verabreichen von Antibiotika über mindestens 3–6 Wochen täglich 150 g Joghurt verzehrt wird.

- Das Immunsystem wird ganz allgemein stimuliert.
  Milchsäurebakterien kommen auch natürlicherweise in unserer Darmflora vor und hemmen durch das saure Milieu im Darm das Wachstum von Krankheitskeimen und schädlichen Bakterien.

- Im Kleinkindalter bietet Joghurt viele Vorteile, allerdings ist darauf zu achten, daß dem Kind nicht zu viel Joghurt auf einmal und nur mildes, möglichst Natur-Joghurt, gegeben wird.

Joghurt

- Für junge und erwachsene Menschen ist Joghurt eine ideale Zwischenmahlzeit und bietet in den unterschiedlichsten Geschmacksvariationen und in vielen Rezepten eine einfache Möglichkeit, einen interessanten Speiseplan zu gestalten.
- Ältere Menschen vertragen Joghurt meist besser als Milch und sollten es in ihren täglichen Essensplan, vor allem wegen der Calciumversorgung, einbauen.

Nachteile von Joghurt

Vorsicht!
Im 1. Lebensjahr sollte dem Baby noch kein Joghurt gefüttert werden. Der junge menschliche Organismus ist für diese Nahrung noch nicht entwickelt.

Säuglinge entwickeln ihre schützende Darmflora erst nach und nach mit der Muttermilch, die durch den Milchzucker und durch spezielle Inhaltsstoffe das Wachstum der Milchsäurebakterien im Darm fördert. Größere Mengen an Eiweiß und Milchsäure, wie sie in Joghurt vorhanden sind, werden für den Säugling im 1. Lebensjahr nicht empfohlen. Vor allem bei erhöhtem Allergierisiko, d.h., wenn in der engeren Familie bereits irgendwelche Allergien bestehen, müssen tierische Milch und Milchprodukte im 1. Lebensjahr zur Gänze vermieden werden. Es bedarf dann zusätzlicher Vorsichtsmaßnahmen bei der Ernährung des Babys. Erst nach dem 1. Geburtstag sollen milde Milchprodukte (Joghurt, Topfen) in kleinen Mengen angeboten werden (siehe Literatur I. Hanreich).

JOGHURTARTEN

Untersuchungen über linksdrehende und rechtsdrehende Milchsäuren haben ergeben, daß die mit der Nahrung zugeführte *rechtsdrehende Milchsäure* vom menschlichen Körper besser aufgenommen und verarbeitet werden kann. Rechtsdrehende Milchsäure ist ein Zwischenprodukt des menschlichen Stoffwechsels. Daher gelten Joghurtarten mit vorwiegend rechtsdrehender Milchsäure als gesünder als das übliche Kuhmilch-Joghurt, das jeweils 50 % der beiden Milchsäuren enthält.

Linksdrehende Milchsäure wird vom Körper kaum verwertet, geht ins Blut und wird normalerweise einfach über die Niere ausgeschieden. Wissenschaftliche Untersuchungen haben jedoch ergeben, daß für empfindliche Personen das Verhältnis in Joghurt 90 % : 10 % rechtsdrehender L (+)-Milchsäure zu linksdrehender D (-)-Milchsäure optimal für den Darm und die Verdauung sein soll. Ist eine übermäßige Anreicherung von D (-)-Milchsäure im Blut vorhanden, spricht man von D-Lactazidose. Diese soll den Stoffwechsel u.a. bei Kreislaufinsuffizienz, Diabetes und Gicht belasten. Weiters soll sie die Sauerstoffnutzung verschlechtern, bei Diabetes die Insulinaktivität mindern und die Auskristallisation von Natriumurat begünstigen. Daher

Joghurt

gibt es zur Zeit von der FAO/WHO festgesetzte Grenzwerte, die nach neuesten Empfehlungen für den täglichen D (-)-Milchsäurekonsum höchstens 50 mg/kg Körpergewicht empfiehlt. Dieser Wert wird erreicht, wenn bei einem Körpergewicht von 60 kg pro Tag 2 Becher Joghurt, 100 g Rohwurst sowie ein Salzgurkerl gegessen werden, da D (-)-Milchsäure u.a. auch in Sauerkraut, Salzgurken und Rohwurst enthalten ist. Man sollte daher an sich selbst beobachten, wie man diese Speisen verträgt und sich gegebenenfalls einschränken.

Lebensmittel	Gehalt an linksdrehender Milchsäure
250 g (1 Becher) normales Joghurt	1016 mg D(-)-Milchsäure
100 g Rohwurst	890 mg D(-)-Milchsäure
100 g Salzgurken	300 mg D(-)-Milchsäure
100 g Sauerkraut	433 mg D(-)-Milchsäure

Im Handel wird auch Joghurt mit vorwiegend rechtsdrehender L (+)-Milchsäure angeboten. Durch die verwendeten Mikroorganismen wird die Art der Säuerung bestimmt. Für den bäuerlichen Joghurthersteller gibt es rechtsdrehende Milchsäurekultur in einigen Reform- oder Bio-Läden zu kaufen.

Weiters bieten die Molkereien und Firmen in den Kaufregalen unter den verschiedensten gesundheitlichen Aspekten Spezialjoghurts an. Für diese werden unterschiedliche Bakterienstämme eingesetzt, wie z.B. probiotische Bakterien oder präbiotische Substanzen zugefügt. Firmen und Molkereien lassen sich ihre neuesten Joghurtkulturen und Produkte zum Teil vom Patentamt schützen und machen für ihre Produkte entsprechend viel Werbung. Das bedeutet für die Ab-Hof-Verkäufer, daß sie mit den Bakterien, die geschützt sind, kein Joghurt verkaufen und auch nicht unter denselben Produktnamen ihre eigenen Produkte anbieten dürfen, da sie sonst in rechtliche Schwierigkeiten kommen könnten. Dies kann große finanzielle Folgen haben. Die Hof-Marke und der eigene Name sind immer noch die beste Werbung und Garantie für den bäuerlichen Anbieter.

Der Begriff „Probioticum" stammt aus dem Griechischen und bedeutet „für das Leben" – im Gegensatz zum „Antibioticum", was „gegen das Leben" heißt. Probiotische, präbiotische und synbiotische Lebensmittel sollen dazu dienen, die Gesundheit des Menschen zu fördern. Wichtig ist zu wissen, daß probiotisches Joghurt z.B. mit *Lactobacillus acidophilus* und *Lactobacillus casei* hergestellt wird. Dies soll die Darmflora positiv verändern. Präbiotisches Joghurt beinhaltet wasserlösliche Stoffe –

Joghurt

Fructooligosaccharide und Inulin –, die den körpereigenen Bakterienstämmen im Dickdarm als Nahrung dienen und sie zu Aktivität und Wachstum anregen sollen. Sind beide, probiotische Bakterien und Präbiotika, in einem Produkt aufeinander abgestimmt enthalten, so nennt man dieses Synbioticum. Dies klingt sehr medizinisch, und zur Zeit ist noch nicht gänzlich geklärt, ob es sich dabei nicht sogar um ein Medikament handelt. Für die Bewilligung eines Medikaments benötigt man allerdings jahrelange Untersuchungen und Versuche.

Probiotische Produkte gibt es erst seit Ende 1995 am Markt, so daß wissenschaftliche Langzeit-Untersuchungen auf breiter Basis daher erst seit verhältnismäßig kurzer Zeit laufen. Deshalb gibt es viele Fragen, die noch offen sind. Manchen Joghurtarten wird sogar nachgesagt, daß sie bei täglichem Konsum krebsfördernde Enzyme im Dickdarm reduzieren. Diese Werbeaussagen der Hersteller sind jedoch bis heute noch nicht zur Gänze ausreichend wissenschaftlich untermauert. In letzter Zeit werden erste Versuchsergebnisse bekannt und kritische Stimmen laut, die derlei Werbungsaussagen wieder in Frage stellen. Versuchen Sie selbst einzuschätzen, inwieweit eine Werbeaussage für ein neues Produkt richtig sein kann.

Der Preis dieser Produkte liegt – auf Grund der hohen Entwicklungs- und Marketingkosten sowie der futuristischen Verpackung – zwischen 30 und 70 % höher als bei den üblichen Joghurtprodukten. Dennoch haben diese Produkte zweier Anbieter innerhalb von zwei Jahren einen Marktanteil von 7 % in Deutschland errungen und verdrängen so die klassischen Joghurtprodukte aus den Regalen der Geschäfte.

Das gebräuchliche Joghurtangebot wird eingeteilt in:

- **Joghurt natur**, das mit mesophilen *(Lactobazillus bulgaricus)* und thermophilen *(Staphylococcus thermophylus)* Milchsäurebakterien – Bakterien, die sich bei Temperaturen zwischen 35° C und 45° C vermehren – hergestellt wird. Es ist leicht säuerlich und entwickelt gegen Ende der Haltbarkeit einen leicht bitteren Geschmack. Der Fettgehalt liegt bei 3,6 % oder 1,0 %.
- **Joghurt mild**, das unter Einsatz von *Lactobacillus acidophilus* und *Bifidobakterium bifidum* hergestellt wird. Es ist milder, aromatischer und nicht so sauer. Es wird auch nicht bitter am Ende der Lagerfähigkeit.
- Joghurt mit Zusätzen, wie Früchte, Marmelade, Kakao, Kaffee etc.

Einteilung nach der Konsistenz

- stichfest
- gerührt
- trinkfähig

Oben:
Vorbereitung zur Joghurtherstellung

Rechts:
Einrühren von Joghurtansatz

Unten:
Die Milch wird vorsichtig erwärmt

Joghurt

Einteilung nach dem Fettgehalt

- Magermilchjoghurt mit maximal 0,3 % Fett
- Fettarmes Joghurt mit 1,0–1,8 % Fett
- Joghurt mild mit 3,5 % Fett
- Sahnejoghurt mit 10 % Fett

SO WIRD'S GEMACHT

Wenn Sie Joghurt selbst herzustellen versuchen, so haben Sie stets soviel davon, wie Sie brauchen. Dabei wird unnötiger Verpackungs- und Plastikabfall vermieden, und Sie wissen genau, welche wertvollen Inhaltsstoffe in Ihrem Joghurt enthalten sind. In etwa einem halben Jahr sind die Ausgaben für einen Joghurtbereiter bei mittlerem Verbrauch wettgemacht. Selbermachen bewirkt immer wieder ein Erfolgserlebnis und regt die eigene Phantasie an, neue Geschmackskreationen zu entwickeln. Das Naturjoghurt kann vielfältig variiert und daraus können sämtliche gewünschte Geschmacksrichtungen hergestellt werden.

Für Naturjoghurt werden die Bakterienstämme *Staphylococcus thermophilus*, die wärmeliebenden, und *Lactobazillus bulgaricus*, die geschmacksbildenden, verwendet. Diese Joghurtkultur erhalten Sie im Reformhaus und evtl. in Bio-Läden bzw. in jedem gekauften Naturjoghurt, das nicht nacherwärmt wurde.

Joghurtherstellung mit dem Joghurtbereiter

Sie können Joghurt in einem Joghurtbereiter ansetzen und sich an das mitgelieferte Rezept halten. Das Joghurt gelingt mit Rohmilch, pasteurisierter und abgekochter Milch, Mager- oder Vollmilch. Es wird je nach Ausgangsmilch und Behandlungsart geschmacklich variieren und mehr oder weniger cremig sein. Der Usus, daß Milch abgekocht werden müßte, kommt aus den südlichen Ländern, wo es generell gebräuchlich ist, Milch aus hygienischen Gründen abzukochen. Bei uns ist es üblich, pasteurisierte Milch oder Rohmilch, meist nur mehr für den Eigengebrauch, zu verwenden. Nehmen Sie abgekochte Milch, wird das Joghurt stichfest, bei Rohmilch als Ausgangsmilch kann es sein, daß es nicht fest wird, sondern eher wie gerührtes Joghurt ist. Joghurt aus Ziegenmilch ohne Gelatinezusatz bleibt immer flüssig, Joghurt aus Schafmilch wird auch ohne Abkochen stichfester als Joghurt aus Kuhmilch.

Joghurtherstellung ohne Joghurtbereiter

1 l Milch wird auf 45° C erwärmt. Als Joghurtansatz bzw. Joghurtkultur nimmt man 5–7 EL vom mittleren Teil (die oberste Schichte enthält Bakterien, die nicht erwünscht sind, die unterste Schichte ist zu sauer) eines frischen, gekauften, nicht nachgewärm-

ten Natur-Joghurts ohne Zucker- oder Fruchtzusatz, vermischt es gut mit dem Schneebesen in der gewärmten Milch und füllt es in vorgewärmte Gläser, jedoch nicht ganz bis zum Rand. Die Gläser werden verschlossen und z.B. in einem Wasserbad mit 45° C 3 Stunden lang bebrütet, so daß die Temperatur nach etwa 3 Stunden langsam auf etwa 35–38° C abgesunken ist. In dieser Zeit und innerhalb dieser Temperatur fermentieren die wärmeempfindlichen Joghurtbakterien den Milchzucker zu Milchsäure. Anschließend wird das Joghurt sofort kalt gestellt. Läßt man das Joghurt länger bebrüten, oder kühlt es danach nicht sofort ab, wird es saurer. Auch säuert das Joghurt im Kühlschrank durch längere Lagerung nach. Es wird also um so saurer, je länger es lagert.

Fehler, die bei der Joghurtherstellung geschehen können

- Die Ausgangsmilch wurde über 50° C erhitzt und der Joghurtansatz in zu heißer Milch verrührt: Die Joghurtkultur ist unwirksam geworden. Das Joghurt gelingt nicht.
- Während der Bebrütungszeit wurde auf über 50° C erhitzt: Das Joghurt grieselt aus.
- Die Temperatur war zu niedrig: Die Joghurtkultur ist zwar noch wirksam, konnte sich aber nicht wirklich entwickeln. Dann ist das Joghurt flüssig und kaum fermentiert.
- Der Joghurtansatz war zu alt: Das Joghurt wird sehr sauer.
- Die Ausgangsmilch war schon zu alt oder schlecht: Ungünstige Bakterien haben die Milch bereits verdorben. Daraus kann kein gutes Joghurt entstehen.

Schafmilchjoghurt – eine Spezialität

Schafmilchjoghurt wird schon seit vielen Jahren in Ländern wie Griechenland, Bulgarien oder der Kaukasusregion geschätzt und seit etwa 20 Jahren auch im deutschsprachigen Raum vermehrt angeboten. Es ist eine gesunde Köstlichkeit mit vorwiegend rechtsdrehender Milchsäure, sanft-cremiger Konsistenz und dem beliebten Schafmilchjoghurtgeschmack.

Schafmilchjoghurt wird wie Kuhmilchjoghurt bei Temperaturen von 45° C fallend bis 37° C hergestellt und so 3 Stunden lang bebrütet. Als Ansatz werden dazu Schafjoghurt oder reine Joghurtbakterien verwendet. Wird Kuhmilchjoghurt als Ansatz verwendet, wird sich das bekannte Schafmilchjoghurtaroma erst nach etwa dreimaligem Verwenden des eigenen Ansatzes entwickeln. Kuhmilcheiweiß wird aber dennoch in Spuren enthalten sein. Dies kann bei Kuhmilchallergikern unter Umständen Probleme auslösen.

Joghurt wird im großen Topf mit eingebautem Thermostat im Wasserbad bebrütet

Joghurtherstellung im Joghurtbereiter

Joghurt wird eingehüllt und warm gehalten (evtl. mit einem Heizkissen mit Thermostat)

ALTE HAUSMITTEL

Da Joghurt in Mitteleuropa erst nach 1950 an Bedeutung gewonnen hat, gibt es wenig „alte" Hausmittel, wohl aber wird Joghurt gegenwärtig für die Gesundung bzw. Gesunderhaltung des Menschen in verschiedenster Form eingesetzt.

- Weitere gesundheitliche Vorteile der Milchsäure in Joghurt sind vor allem die Linderung von Nebenwirkungen bei oder nach einer *Antibiotikatherapie*.
- Als *Beruhigungstrunk*; wenn man in der Früh schon nervös ist, weil z.B. der Tag turbulent zu werden verspricht, sollte man ¼ l Joghurt mit 2–3 EL echtem Bienenhonig mixen und dies langsam schluckweise trinken. Der Trunk soll optimistisch machen und die Nerven beruhigen.
- *Infekte, die im Darm und Vaginalbereich* durch Pilze, Viren oder Bakterien ausgelöst wurden, können durch täglichen Joghurtgenuß gelindert oder geheilt werden.
- Wer *Kalorien sparen* will, kann bei vielen Rezepten statt Sauerrahm Joghurt verwenden. Ist Joghurt zu flüssig, seiht man es durch ein ganz feines, ausgekochtes Leinentüchlein (ohne Waschpulverrückstände!) ab, bis es die richtige Festigkeit hat.
- Menschen mit *Lactose-Unverträglichkeit* vertragen meist Joghurt und Sauermilchprodukte in kleinen Mengen.
- Bei *Sodbrennen* kann man mit 2 bis 3 Joghurt etwas Linderung bewirken.
- Bei *Sonnenbrand* wirkt Joghurt schmerzlindernd und kühlend, wenn man es vorsichtig auf die Haut aufträgt.
- Bei starkem *psychischem Streß* vermag Joghurt Abhilfe zu schaffen. Es erfrischt und hilft, Spannungen abzubauen, wofür nicht zuletzt das im Joghurt enthaltene Magnesium verantwortlich ist.
- *Verdauungsstörungen* können mit mehr Joghurtgenuß eingedämmt werden.

Rezepte

Lassi (Indien), Ayram (Türkei)

Joghurt wird mit Mineralwasser meist im Verhältnis 1:1 gemixt, gesalzen und kühl getrunken. Als Beimischung eignet sich Knoblauch oder Pfefferminze.

Joghurt-Käsebällchen

Ist einmal zu viel Naturjoghurt im Kühlschrank, oder droht es alt zu werden, können daraus sehr leicht Joghurt-Käse-Bällchen gemacht werden.

2–4 Becher Joghurt werden in ein frisch ausgekochtes, feines Leinentüchlein gegeben, das zugebunden wird und mit einer Schnur über einer Schüssel, die die abfließende Molke auffängt, aufgehängt. Nach 1 Stunde dreht man die Masse im Leinentuch ein- bis zweimal um oder verrührt sie ein wenig, damit die Molke wieder leichter abrinnen kann. Ist das Joghurt dann so fest, daß kleine Bällchen geformt werden können, gibt man die Masse in eine Schüssel, salzt ein wenig und formt mit den Händen kleine Bällchen. Diese legt man, wenn sie nicht sofort gegessen werden, da sie schnell und stark nachsäuern, in ein Schraubdeckelglas und füllt dieses mit Salatöl an, bis die Käsebällchen ganz unter Öl stehen. Man verschließt das Glas und stellt es in den Kühlschrank bzw. bewahrt es kühl und dunkel auf. So kann sich der Joghurtkäse, gut gekühlt, bis zu 2 Monate halten.

Mit einem Zahnstocher auf die Käseplatte gelegt, mit Kräutern bestreut oder in Paprika, gestoßenem Sesam, geriebenen Mandeln gewälzt, geben diese Happen einen hübschen, bunten Akzent auf der Käseplatte.

Joghurt-Brotaufstrich

Rührt man Dillspitzen in die feste, gesalzene Joghurtmasse ein, erhält man einen wohlschmeckenden Brotaufstrich.

Joghurt-Salatsaucen

Fettsparend und gesund sind Salatsaucen mit Joghurt. Dazu rührt man in Joghurt etwas Salz und die verschiedensten Kräuter (Dill, Schnittlauch, Zitronenmelisse, Knoblauch), je nach gewünschter Geschmacksvariante einzeln oder als Mischung, ein.

Joghurt-Senf-Marinade

¼ l Joghurt, 4 EL Milch, 4 EL Salatöl, 2 TL Senf, 3 EL Zitronensaft, Kräutersalz sowie eventuell weißen Pfeffer gut verrühren und über den Salat gießen.

Kräuter-Joghurt-Marinade

¼ l Sauerrahm, ⅛ l Joghurt, etwas Salz, verschiedene Kräuter (Dill, Basilikum, Kerbel, Estragon, Zitronenmelisse, Knoblauch) werden je nach Geschmack gut abgerührt und über den Salat gegossen.

American-Dressing

⅛ l Joghurt, 100 g Topfen, 4 EL gehackte Zwiebel mit 5 EL Ketchup verrühren und mit Salz, Pfeffer, Chilipulver abschmecken.

Joghurt-Knoblauch-Sauce

¼ l Joghurt, 100 g Topfen, 1 Knoblauchzehe, Salz, Pfeffer, 1 EL Petersilie, 1 EL Dill, 1 EL Schnittlauch, ev. 1 EL Kerbel gut vermischen.

Kaloriensparende Mayonnaise

Fertige Mayonnaise wird einfach mit Joghurt gemischt, entweder im Verhältnis 2:3 bzw. 1:3 oder 1:1.

Geschmacksvarianten können mit Knoblauch, Kren, Pfefferminze, Essig, Kräutern sowie Senf erzielt werden. Eine Mischung mit Zwiebeln, Sardellen, Kapern und Essiggurkerln gibt wieder einen anderen Geschmack. Nicht zu dünnflüssig, ist diese „Mayonnaise" als Dipsauce für Gemüsestreifen verwendbar.

Sauce Tatare

100 g Topfen, 4 EL Joghurt, 2 EL Petersilie, 2 TL Kapern, 1 Essiggurke, 1 Zwiebel, 1 EL Dill, feingehackt, gut vermengen und mit Salz und Pfeffer, eventuell auch mit Tabascosauce abschmecken.

Tsatsiki

½ l Joghurt in ein Tuch geben, aufhängen und die Molke abrinnen lassen.

Gurke fein hobeln, leicht salzen und den Saft ausdrücken, 2–5 Knoblauchzehen in die Schüssel quetschen, dann die Gurken und das dicke Joghurt dazugeben und feingehackte Dille unterrühren.

Rezepte

Joghurt-Schlagobers mit Früchten  | *Joghurt-Kaltschale mit Heidelbeeren*

Französische Gorgonzolasauce

100 g Gorgonzola mit der Gabel zerdrücken, 1 TL Öl daruntermischen, 4 TL Zitronensaft, ⅛ l Joghurt hinzufügen, mit Salz und Pfeffer würzen, und das Ganze mit dem Stabmixer glattrühren.

Müsli (siehe Milch)

Joghurt-Kaltschale

¼ l Joghurt und den Saft ½ Zitrone mit 4 Blatt warm aufgelöster Gelatine vermischen, 100 g Früchte (Kiwis, Erdbeeren, entkernte Kirschen, Himbeeren oder Brombeeren) untermischen, das Gemisch in Glasschalen gießen und kühl stellen.

⅛ l geschlagener Schlagrahm kann nach Zugabe der Gelatine noch schnell untergemischt oder zum Verzieren verwendet werden, wenn das Dessert besonders kalorienreich sein soll.

Joghurt-Torte

⅜ l Joghurt, 100 g Zucker und 3 EL Zitronensaft werden mit 10 Gelatineblättern, die kalt eingeweicht und dann in etwas heißem Wasser geschmolzen wurden, vermischt. Anschließend werden ¼ l geschlagener Schlagrahm sowie Erdbeeren oder Kiwispalten eingerührt.

Die Joghurtmasse wird in eine beschichtete Tortenform gegeben, mit Erdbeeren belegt, die in die Masse eingedrückt werden. Nun legt man einen fertigen Biskuitboden darüber. Die Torte kommt 6 Stunden in den Kühlschrank, wird dann kurz und vorsichtig mit der Form in heißes Wasser getaucht, anschließend aus der Form auf einen Tortenteller gestürzt und mit Erdbeeren und Schlagobers verziert.

Joghurt-Pudding (siehe Buttermilch)

Joghurt-Eis

Pro Person wird ⅛ l Joghurt mit feingehackter Minze vermischt und über je 1 Erdbeereis- und 1 Himbeereiskugel gegossen, mit Erdbeeren und Minzeblättern garniert und mit Schlagobers verziert.

Sportler-Joghurt-Drink (siehe Molke)

Kiwi-Joghurt (für 4 Personen)

Als vitaminreiches, stärkendes Getränk empfiehlt sich folgende Mischung:

¼ l Joghurt, ½ l Milch, Saft einer Orange und einer Zitrone, 2–3 TL Zucker und/oder 2 TL Honig werden mit 3 zerdrückten Kiwis vermixt, in Gläsern mit Kiwischeiben verziert und kühl serviert.

Bananen-Joghurt-Mix (für 2 Gläser)

¼ l Joghurt, 3 reife Bananen, Saft von 2 Orangen, 1–2 TL Honig gut mixen und nicht zu kühl trinken.

Kaffee- oder Kakaocreme (für 4 Personen)

½ l Joghurt, 1 Päckchen Vanillezucker, 1 TL Instant-Kaffee oder Löskakao, 1 Banane, 2 TL Honig gut mixen, in Dessertgläsern anrichten und kalt stellen. Biskotten- oder Biskuitschnitten dazu servieren.

Joghurt mit Fruchtsaft (für 2 Gläser)

¼ l Trauben-, Apfel- oder Ananassaft mit ¼ l Joghurt, 2 TL Honig, etwas Zitronensaft gut mixen und kühl stellen – oder noch besser – gleich in hohen Gläsern servieren.

Joghurt-Frucht-Gemüse-Getränk (für 4–5 Gläser)

⅛ l Tomaten-, ⅛ l Karotten-, ⅛ l Orangensaft mit ½ l Joghurt gut mixen und gleich servieren.

Schnelle Joghurt-Variante

Zu Joghurt gibt man 3 TL nicht zu feste Marmelade (Erdbeer-, Marillen-, Pfirsich-, Johannisbeer-, Orangen- oder Heidelbeermarmelade) und rührt diese leicht unter.

Auch löslicher Kakao oder Kaffee kann eingerührt werden. Ist das Joghurt zu sauer, kann es mit 3 TL flüssigem Honig verfeinert werden.

KEFIR

ALLGEMEINES

Kefir stammt aus dem Kaukasus, das Wort leitet sich von „Kef" oder „Keyif" ab, was soviel wie Schaum bzw. Rausch bedeutet. Er ist auch im europäischen Raum ein beliebtes Sauermilchprodukt, leicht herzustellen, und man spricht ihm vielerlei Heilwirkungen zu. Milchsäurebakterien und Hefen ballen sich zusammen und ergeben die Kefir-Bakterien-Knöllchen, die durch die Zugabe zu lauwarmer Milch einerseits Eiweiß in Milchsäure umwandeln, andererseits Milchzucker zu Alkohol und Kohlensäure vergären. Kefir ist leicht moussierend, spritzig und leicht alkoholisch (je nach Ansatzzeit 0,01 bis zu 2 %). Er eignet sich daher nicht unbedingt für Kinder oder Alkoholabhängige.

> **Vorsicht!**
> Babys, Kleinkinder und Alkoholiker auf Entzug sollten keinen Kefir zu sich nehmen!

SO WIRD'S GEMACHT

Zumindest ein nußgroßer Kefirpilz oder ⅛ l gekaufter Kefir, der nicht nachpasteurisiert wurde, wird mit 1–2 l lauwarmer Milch in ein Schraubdeckelglas gegeben, so daß sie 3 cm unter den Rand reicht. Das Glas wird verschlossen, etwas geschüttelt und bei etwa 20° C bzw. Zimmertemperatur aufgestellt. Ofenwärme oder Tages- bzw. Sonnenlicht würden den Kefir beeinträchtigen. Günstig wäre ein braunes Glas, oder man stellt es in einem Schrank zur Reifung auf. Nach der gewünschten Zeit (siehe unter „Gesund mit Kefir") wird der Pilz in einem emaillierten Sieb oder Kunststoffsieb abgeseiht, der Kefir in eine Flasche gegossen, verschlossen und im Kühlschrank aufbewahrt. Zu bedenken ist jedoch, daß er während der Lagerungszeit weiterreift. Darum sollte er stets möglichst frisch getrunken werden. Es ist daher erforderlich, stets neuen Kefir herzustellen. Die Pilze werden unmittelbar nach dem Abseihen wieder in neuer Milch angesetzt.
Hinweis: Die Pilze müssen mindestens einmal in der Woche unter kaltem Wasser ausgewaschen werden!

Der Geschmack von Kefir läßt sich – wie bei Joghurt – vielfältig variieren, wenn man dem Getränk Fruchtsaft, Marmelade, Honig oder Früchte zufügt. Nach tagelangem Genuß wird eine Kefir-Pause erforderlich sein. Sollen die Pilze längere Zeit aufbewahrt werden, ohne daß neuer Kefir angesetzt wird, kann man sie wenige Tage in kaltes Wasser geben. Sie beginnen jedoch in Wasser zu hungern und verderben bald. Entweder macht man nur kurze Kefir-Pausen oder friert größere Knollen ein. So können diese über eine längere Zeit gerettet werden. Oft verdirbt jedoch auch dann alles bis auf einen kleinen Kern einer großen Pilzknolle. Von diesem gesunden und lebenden Mittelstück ausgehend, kann wieder neu und sorgfältig mit der Kefirherstellung begonnen werden.

Die Pilzknollen werden in Milch täglich größer, so daß mit einer kleinen Knolle angefangen werden kann. Es kann auch wieder eine eigene Kefirkultur von einem gekauften Kefir als Ansatz weitergezüchtet werden. Später, wenn zu viele Pilzknollen vorhanden sind, ist es am besten, diese im Bekanntenkreis weiterzugeben.

GESUND MIT KEFIR

Kefir schreibt man viele Heilwirkungen zu. Je nachdem, wie lange er angesetzt wird, wirkt er abführend oder leicht stopfend. Es sollte daher stets bedacht werden, für welchen Heilungszweck Kefir eingesetzt wird.

- Ist Kefir 24 Stunden angesetzt, wirkt er abführend.
- Ist er 48 Stunden angesetzt, wirkt er normalisierend.
- Bei einer Ansatzdauer von maximal 72 Stunden hat er stopfende Wirkung. Er beinhaltet dann mehr Alkohol und ist für Kinder ungeeignet.

Kefir verhindert das Faulen von Stoffen im Darm. Er wirkt darüber hinaus bei täglicher Anwendung vor allem unterstützend bei Nervenerkrankungen, inneren Geschwüren, Bronchialkatarrhen, Sklerose, Herzinfarkt, Galle-, Leber-, Nierenleiden, infektiöser Gelbsucht, Magen-Darm-Erkrankungen, Durchfall, hartem Stuhl, Blutarmut, Blutzersetzung, Ausschlägen und Ekzemen.

ALTE HAUSMITTEL

- Bei manchen *Ausschlägen* und *Ekzemen* soll Kefir Erleichterung, ja sogar Heilung bringen. Ein vorsichtiger Selbstversuch kann den Aufwand schon einmal wert sein. Für Milchallergiker ist dies allerdings nicht ratsam.
- Bei *Gallenleiden* ist eine 2–6 monatige Kur angezeigt.
- Bei *Magen-*, *Darm-* und *Nervenleiden* trinkt man täglich bis zum Ausheilen 1 l Kefir aus Magermilch oder etwa 2 Monate lang kurmäßig, legt dann eine Pause von 1–2 Wochen ein und beginnt danach wieder, Kefir zu trinken.
Selbstverständlich muß dabei auch auf die richtige Ernährung geachtet und eventuell eine Diät eingehalten werden. Bei schwereren Leiden erübrigt es sich festzuhalten, daß Kefir zwar den Heilungsprozeß unterstützen kann, als alleinige Behandlung aber nicht ausreichen wird.

REZEPTE

Kefir kann man anstelle von Joghurt bei den meisten dort angeführten Rezepten verwenden.

KEFIRKUCHEN

2 Becher Kefir werden mit 4 Becher Mehl, 1 ½ Becher Zucker, ¾ Becher Öl, evtl. 1 Päckchen Backpulver und 4 Eiern verrührt. Die Masse wird in eine befettete und bemehlte Kuchenform gegeben und 1 Stunde bei 200° C gebacken.

Variante 1
Zu der oben angeführten Masse werden noch 2 EL Kakaopulver und ca. ¾ kg kleingeschnittene Äpfel gegeben. Die Masse wird in eine Springform gefüllt und wie oben gebacken.

Variante 2
Die Masse mit Rosinen verrühren, in Papierbackformen füllen und backen.

WASSERKEFIR

Wasser- und Tee-Kefir sind Getränke, die ähnliche Wirkungen haben und bei Lactose-Intoleranz vorzuziehen sind.

150 g Zucker, 2 getrocknete, ganze Feigen oder Zwetschken, ½ Zitrone im Stück sowie Wasser-Kefir-Knollen in ein Schraubdeckelglas geben und mit Wasser oder Tee aufgießen. Die weitere Behandlung ist wie bei Milchkefir.

SÜSS- UND SAUERRAHM

ALLGEMEINES

Rahm wird durch Zentrifugieren oder Abschöpfen aus der Milch gewonnen. Man verwendet ihn süß oder gesäuert. Er bildet die Ausgangsbasis für Butter und wird zum Verfeinern von Speisen verwendet. Rahm kommt mit unterschiedlichem Fettgehalt in den Handel, z.B. als Kaffeobers 10 %, Schlagobers 36 %, Sauerrahm 36 % oder als Crème fraîche 36 %. Letztere ist gesäuerter Rahm, der etwas eingedickt ist, bei Erhitzung nicht ausflockt und zur Verfeinerung von Speisen verwendet wird.

Mit Rahm kann man beim Kochen sparsam sein, und dennoch verleiht er den Speisen einen feinen Geschmack. Verwendung findet er vor allem bei der Zubereitung von Gemüsen, Suppen und Saucen.

Schlagobers

Süß- bzw. Schlagrahm wird in eine Schüssel gegeben und mit der Schneerute steif geschlagen. So dient er als Verzierung oder als kalorienreiche Aufbesserung u.a. für Kuchen, Desserts, Kaffee und Eis.

Schlagobers kann auch in der Küchenmaschine geschlagen werden. Doch Vorsicht, daß nicht zu lange geschlagen wird und Butter entsteht!

Wird gezuckertes Schlagobers gewünscht, so mischt man meist 2–4 TL Staubzucker je ¼ l Rahm vorsichtig nach dem Schlagen ein.

ALTE HAUSMITTEL

- Wenn gehaltvoller gekocht werden soll, etwa in der *Regenerationsphase* nach Krankheiten, verwendet man gerne Süß- oder Sauerrahm, um die Speisen kalorienreicher und appetitanregender zuzubereiten.

- Suppen und Saucen werden mit Rahm oder Crème fraîche im Geschmack abgerundet, und auch zu scharfe Speisen werden damit verfeinert. So wirken die Speisen *appetitanregend*.

Rezepte

Schlagobers-Joghurt-Creme

¼ l Schlagobers wird ½ Min. lang geschlagen. Dann rührt man 1 P. Sahnesteif ein und schlägt den Schlagobers, bis er ganz fest ist. Danach rührt man ¼ l Joghurt, 3 TL Staubzucker und evtl. etwas Zitronensaft ein. Diese Creme eignet sich sehr gut als Fülle oder Zugabe für Kuchen und Torten.

Erdäpfelkas

Ein einfacher Brotaufstrich aus dem Innviertel wird gerne für kalte Buffets verwendet und dient auch zur Resteverwertung, wenn einmal zu viele Kartoffeln gekocht wurden.

Kartoffeln noch heiß schälen und mit der Gabel zerdrücken, überkühlen lassen, salzen, pfeffern und kleingehackte Zwiebel unterrühren. Am Ende wird so viel Schlagrahm eingerührt, daß der Erdäpfelkas ein nicht zu fester Aufstrich wird.

Gorgonzolasauce

Nudeln oder Spaghetti machen diese schnelle Sauce zur Delikatesse:

100–150 g Gorgonzola werden in einem kleinen Topf mit der Gabel zerkleinert und mit etwas Milch vorsichtig erwärmt, so daß der Käse langsam schmilzt. Dazu gibt man ¼ l sauren Rahm, in den etwas glattes Mehl untergerührt wurde, salzt und läßt die Sauce unter ständigem Rühren kurz aufkochen. Schließlich wird die heiße Sauce gesondert über die Nudeln gegossen.

Sie kann auch gleich im Topf unter die Nudeln gemischt und so serviert werden.

Schinken-Rahm-Sauce

1–2 Zwiebeln werden würfelig geschnitten, mit ein wenig Öl goldbraun geröstet, mit 1 EL Mehl gestaubt und mit ¼ l Wasser und ¼ l sauren oder süßem Rahm aufgegossen und zum Kochen gebracht. Dann werden 100 g würfelig geschnittener Schinken dazugegeben. Salzen, pfeffern, evtl. Knoblauch oder Kräuter einrühren und heiß zum Nudelgericht servieren.

Knoblauchdip

¼ l Sauerrahm, ¼ l Joghurt, 2–4 Zehen frischer Knoblauch, je nach Größe und gewünschter Intensität, etwas Salz.

Je nachdem, ob man diese Sauce fester oder flüssiger haben möchte, variiert man mit der Menge des dazugegebenen Joghurts. Man kann auch vorher die Molke des

Rezepte

Vollkorn-Spaghetti mit Schinken-Rahmsauce

Joghurts in einem feinen Kunststoffsieb oder Tuch abrinnen lassen, um eine dickere Sauce zu erhalten. Dieses kalte Gericht wird zu rohen Gemüsestreifen oder, flüssiger, zu Salat serviert.

Kräutersauce

Siehe obiges Rezept, jedoch ohne Knoblauch, aber mit frischen, eingefrorenen oder getrockneten Kräutern und Pfeffer. Als frische Kräuter eignen sich Schnittlauch, Dill, Basilikum, Petersilie, Oregano, Zitronenmelisse etc.

Schinkenrollen

Pro Person benötigt man 1–2 Schinkenscheiben. Schlagrahm wird geschlagen, etwas Salz und geriebener Kren (Meerrettich) untergehoben. Auf jedes Schinkenblatt gibt man im ersten Drittel etwa 3 EL Krenobers und rollt die Schinkenrolle von dieser Seite zusammen. Dann legt man sie mit dem Ende nach unten auf ein Salatblatt oder auf Gemüsemayonnaise, evtl. auch nur so auf den Teller und verziert anschließend mit Salat, Tomatenvierteln oder harten Eischeiben, Petersilie etc.

Rahmsuppe (für 2 Personen)

2 EL Mehl werden in 30 g Butter leicht angeröstet. Der Topf wird vom Herd gezogen und das geröstete Mehl mit ⅛ l Sauerrahm gut verrührt, bis sich das Mehl zu einem glatten Brei verbunden hat. Dann rührt man etwa ⅜–½ l kaltes Wasser langsam ein, salzt, pfeffert und zerrührt mit der Schneerute gegebenenfalls noch kleine Klumpen. Nun kommt der Topf wieder auf den Herd, man rührt um und läßt das Ganze kurz aufkochen. Zum Schluß wird feingehackte Petersilie hinzugefügt. Serviert wird die Rahmsuppe mit Brot oder Semmelwürfeln, die mit wenig oder ganz ohne Fett in einer Pfanne angeröstet wurden. An Stelle von Petersilie kann feingeschnittener Schnittlauch in den Teller gegeben werden.

Gemüserahmsuppe

Spargel, Sellerie, Karotten oder Karfiol werden gekocht, wobei das Kochwasser vorsichtig gesalzen wird, weil dieses zur Suppe mitverwendet wird. Nun sprudelt man Rahm und etwas Mehl ab, rührt dies in die Suppe ein, püriert sie und läßt sie nochmals aufkochen. Gewürzt wird, je nach Gemüseart, mit Petersilie, Schnittlauch oder Pfeffer.

Kürbisrahmsuppe

Die Zubereitung erfolgt wie beim vorherigen Rezept. Als Würze hat sich kleingehackte oder getrocknete Kapuzinerkresse sehr gut bewährt.

BUTTER

ALLGEMEINES

Fast jeder Hausfrau, Mutter oder Köchin ist es schon passiert, daß das elektrische Rührwerk beim Schlagen des Rahms zu Schlagrahm zu lange lief und anstelle des erwünschten Schaumes alles zu klumpen begann, sich die Butter zusammenzog und die Buttermilch absonderte. So wurde zwar der Traum von einer Schlagrahmverzierung auf der Geburtstagstorte zunichte gemacht, dafür waren wir aber um eine Erfahrung reicher, nämlich wie im Prinzip Butter entsteht.

SO WIRD'S GEMACHT
Butterherstellung im Butterfaß

In der bäuerlichen Küche wird Butter aus Süß- oder Sauerrahm, wegen der besseren Haltbarkeit meist aus letzterem, im Butterfaß gemacht. Für 1 kg Butter benötigt man Rahm von 20–25 l Rohmilch. Man verwendet entsprechend dem Butterfaß eine größere Menge Rahm, die evtl. von 2–3 Tagen gesammelt wurde. Bei einer Temperatur von etwa 12–14° C wird der Rahm im Faß so lange gerührt, bis sich am tieferen Ton zeigt, daß sich das Milchfett abzusondern beginnt. Dann wird ein wenig langsamer gerührt, bis das ganze Milchfett zusammengeklumpt ist. Schließlich wird die Buttermilch abgelassen und die Butter in frischem, kaltem Wasser gewaschen, bis die herausgedrückte Flüssigkeit klar ist. Nun wird die Butter so lange geschlagen, bis der Wassergehalt etwa 16 % beträgt.

Mit heißen, nassen Händen formt man die Portionen zu Striezeln, verziert und verpackt sie. Was nicht in kurzer Zeit verbraucht oder verkauft wird, wird meist sofort eingefroren.

Butterherstellung im Mixbecher

Auch Sie können diese Butterherstellung im Küchenmixer probieren. Nehmen Sie dazu 1 l kühlen, nicht zu kalten Rahm, mixen Sie ihn z.B. im Aufsatzmixer auf niederster Stufe und schalten Sie den Mixer sogleich ab, wenn sich der Ton verändert, tiefer wird. Dann rühren Sie noch mit einem Kochlöffel weiter, bis die Butter ganz fest zusammenklumpt. Seihen Sie die Buttermilch ab und geben Sie die Butter in eine Schüssel. Unter fließendem kaltem Wasser drücken Sie sie nun mit einem Kochlöffel durch, bis das Wasser klar wird. Dann nehmen Sie die Butter heraus, drücken mit heiß abgewaschenen, nassen Händen das Restwasser aus der Butter heraus und formen Ihren Butterstriezel. Anschließend verzieren Sie ihn mit einem heißgemachten Löffel oder einer Gabel. Eingelegt in kaltem, täglich frischem Salzwasser, hält sich die Butter recht gut.

VORTEILE VON BUTTER

Butter ist ein reines Naturprodukt. Daher gibt es auch qualitative Unterschiede – je nach Jahreszeit – also Sommer- und Winterbutter, aber auch je nach Ausgangsmilch und Fütterung der Kühe, also Butter von auf der Alm oder im Tal gehaltenen Kühen. So ist Winterbutter härter als Sommerbutter. Letztere enthält bis zu dreimal soviel Vitamin A als Winterbutter. Almbutter ist wegen der größeren Vielfalt an Gräsern und Kräutern, die die Kühe fressen, der Talbutter geschmacklich vorzuziehen. Die Art der Viehhaltung wirkt sich auf die Qualität der Butter stark aus. Ebenso bestimmt das Restwasser in der Butter ihre Qualität.

Die Vorteile von Butter sind:

- Butter ist leicht verdaulich.

- Sie ist ein wichtiger Träger der fettlöslichen Vitamine A, D und E. So ist Milchfett in Form von Butter bei Magen-Darm-Erkrankungen, Leber-, Nieren- und Galleleiden meist erlaubt.

- Wie bereits oben erwähnt, kann Butter, in geringen Mengen genossen, zur Gesundheit beitragen.

- Der spezielle Buttergeschmack in der feinen Küche ist wirklich durch nichts zu ersetzen. Butter ist bei Gourmets sehr beliebt, da schon geringste Mengen hohen Genuß bereiten.

NACHTEILE VON BUTTER

Als Nachteile werden vor allem angeführt:

- Der höhere Preis für Butter als für Margarine, Öl oder Fett.

- Der Cholesteringehalt. Die Cholesterindiskussion hat eine Zeitlang die Angst vor dem Butterkonsum geschürt.

- Bei einer nachgewiesenen Kuhmilchallergie muß evtl. sogar Butter aus dem Speiseplan gestrichen werden, da sie geringe Spuren von Milcheiweiß enthält.

- Bei Herz- und Kreislauferkrankungen sind meist andere Ursachen ausschlaggebend, wie der Genuß von zu fettem Fleisch und generell zu fetter Nahrung, zu wenig Bewegung etc. Natürlich muß dann auch der Butterkonsum in Maßen gehalten werden. Er sollte im Schnitt 20 g pro Tag nicht überschreiten.

Butter

ALTE HAUSMITTEL

- Bei Beginn einer *Bronchitis* sollte ein Butterwickel, auf die Brust oder den Rücken aufgelegt, helfen. Dauert die Bronchitis länger an, ist unbedingt ein Arztbesuch erforderlich (siehe auch unter Milch).

- Bei *Halsweh* sollte man ein Taschentuch mit Butter bestreichen und um den Hals wickeln. Darüber gibt man ein Handtuch oder einen Schal, der gut warm hält. Sollte keine Linderung oder Heilung eintreten, wenden Sie sich bitte an Ihren Arzt (siehe auch unter Milch).

- Gleich wenn sich *Schnupfen* ankündigt, sollte man sofort etwas frische, ungesalzene Butter in die Nase streichen.

Rezepte

Butterschmalz

Butterschmalz gewinnt man durch Schmelzen von Butter. Der Wassergehalt wird durch diesen Vorgang auf 0,2 % reduziert. Butterschmalz ist höher erhitzbar als Butter. Es wird zur längeren Haltbarkeit hergestellt. Kochen und Backen mit Butterschmalz war früher gebräuchlicher. Heute hat Öl das Butterschmalz aus der Küche weitgehend verdrängt.

Weichgerührte Butter

Um zu harte Butter streichfähig zu machen, wird diese in Stücke geschnitten und entweder händisch abgerührt oder mit dem Stabmixer weichgemixt. Die auf diese Weise weichgerührte Butter kann auf Brötchen sehr sparsam und schnell aufgestrichen werden, ehe man diese mit allerlei Köstlichkeiten belegt.

Kräuterbutter

Bei vielen Speisen, wie Fisch, Steak, Gemüse, erzielt Kräuterbutter eine Abrundung des Geschmacks.

Butter wird mit Salz, einzelnen Kräutern (Petersilie, Knoblauch, Oregano, Basilikum) oder mit einer Kräutermischung nach eigener Komposition mit dem Kochlöffel in einer runden Schüssel gerührt oder mit dem Stabmixer gemischt.

Um Scheibchen zu erhalten, gibt man die noch weiche Kräuterbutter auf Alufolie oder Butterpapier, formt eine Rolle, schlägt die Folie gut darüber und stellt diese dann etwa 1 Stunde in den Kühlschrank. Vor dem Servieren schneidet man mit einem Messer, das nach jedem Schnitt in heißes Wasser getaucht wird, 1 cm dicke Scheiben ab und legt sie bis zum Servieren auf Eisstückchen. Die einzelnen Scheibchen können auch tiefgekühlt und bei Bedarf einzeln aufgetaut werden.

Knoblauchbutter

Bei einem kalten Buffet kann Knoblauchbutter zu frischen Brötchen serviert werden. Auf Partys werden Gemüsestreifen oder Salzgebäck gerne mit Knoblauchbutter gegessen.

¼ kg Butter wird mit ½ bis 1 TL Salz gesalzen, weichgemixt und mit 2–4 gepreßten Knoblauchzehen abgerührt. Die Menge Knoblauch richtet sich nach der Intensität, die man seinen Gästen zumuten kann.

BUTTERMILCH

ALLGEMEINES

Natürliche Buttermilch ist ein meist gesäuertes Milchprodukt, welches als Nebenprodukt bei der Verbutterung von Rahm zu Butter anfällt.

Bei der natürlichen Buttermilch unterscheidet man je nach dem Ausgangsprodukt für Butter Süßrahm- und Sauerrahmbuttermilch. Aus Süßrahmbuttermilch kann, durch Zugabe von Buttermilchsäurekultur, gesäuerte Buttermilch hergestellt werden. Natürliche, unbehandelte Buttermilch kann verhältnismäßig fett sein, je nachdem, wieviel Restbutter darin fein ausgeflockt ist.

Buttermilch ist verdauungsfördernd und wirkt leicht abführend.

Großtechnologisch wird Magermilch in Molkereien heute mit Buttersäurekultur versetzt und so ein stets gleichschmeckendes, fettarmes Sauermilchprodukt hergestellt. Diese „Magermilch-Buttermilch" hat weniger als 1 % Fett und darf kein Fremdwasser enthalten. Ihr darf kein Magermilchpulver zugesetzt sein.

Vergleichen Sie selbst einmal Alm- oder Bauern-Buttermilch mit der gekauften Buttermilch. Fällt am Bauernhof viel Buttermilch an, kann diese sehr sinnvoll zu Topfen (Quark) verarbeitet werden.

VORTEILE VON BUTTERMILCH

Diese liegen darin,
- daß sie die Verdauung anregt,
- bei Gicht den Harnsäurespiegel nicht belastet und
- den Cholesterinspiegel, ähnlich wie bei Verwendung von Molke, senkt.

ALTE HAUSMITTEL

Da es im Erfahrungszeitraum nur Bauern-Buttermilch gab, sind die Hausmittel-Hinweise nur für diese erprobt.

- Bei *Akne* sollte der tägliche Genuß von ½ l Butter- oder Magermilch heilungsfördernd sein.

- Ein *Buttermilch-Vollbad* erweist sich als Balsam für die Haut. Dazu wird ½ l reine Buttermilch zuerst mit lauwarmem Wasser in der Badewanne aufgelöst. Dann wird nach und nach mit heißerem Wasser zu einem Vollbad aufgefüllt. Die Badezeit sollte 10 Min. dauern, anschließend kurz abtrocknen und zugedeckt ½ h ruhen.

- Für *trockene Gesichtshaut* ist eine *Avokado-Buttermilch-Maske* besonders gut geeignet. Dazu wird eine weiche Avokado mit 1 TL Zitronensaft püriert, dann wird 1 EL Magertopfen daruntergerührt und mit Buttermilch glattgestrichen. Die Masse wird auf das gereinigte Gesicht aufgetragen. Anschließend sollte man etwa 10 Minuten bewegungslos liegen bleiben. Danach nimmt man die Maske mit einem Tuch oder mit Watte ab und wäscht das Gesicht mit lauwarmem Wasser.

- Als *Diätempfehlung* sollte bei Übergewicht ungesüßte Buttermilch in den Speiseplan eingebaut werden, z.B. als kalorienarme Zwischenmahlzeit oder – mit Wasser verdünnt – als Kur-Getränk.
- Für *Diabetiker* kann ungesüßte Buttermilch eine ideale Zwischenmahlzeit sein (mit dem Arzt absprechen).
- Buttermilch regelt *Verdauungsprobleme*, wie zu festen Stuhl.

Rezepte

Buttermilch-Kaltschale

Gekühlte Buttermilch wird in eine Glasschale gegeben und mit Zimt und etwas Zucker bestreut. An heißen Tagen genossen, ist dieses leichte Gericht eine ideale Zwischenmahlzeit.

Buttermilch-Pudding

¼ l Buttermilch wird mit etwas Zucker und Zitronensaft verrührt. 4 Blatt Gelatine werden 2 Min. in kaltes Wasser eingeweicht und in 2 EL heißem Wasser aufgelöst, sogleich in die Buttermilch eingerührt und in zwei Glasschalen, die mit kaltem Wasser ausgeschwenkt wurden, gegossen. Die Schalen werden kalt gestellt, und der Pudding wird vor dem Servieren auf Teller gestürzt, mit Zimt und Staubzucker bestreut und evtl. mit einem Kranz gekochter Apfelstückchen verziert.

Buttermilchbrot

Anstelle von Wasser eignet sich Buttermilch auch recht gut zum Brotbacken. Sie verleiht dem Brot einen eigenen Geschmack und macht den Teig geschmeidig. Es ist allerdings zu beachten, daß sich dieses Rezept für sehr heiße Tage nicht eignet, da das Fett der Buttermilch durch die enthaltenen Buttersäuren leicht verderben und so das Brot ungenießbar werden kann.

2 kg fein gemahlenes Vollkornmehl werden mit 40 g Germ (Hefe), die in etwas warmem Wasser und 1 EL Zucker aufgelöst wurde und nach 15 Min. aufgegangen ist, vermengt. 2 EL Salz, 2 EL Brotgewürzmischung (Koriander, Anis, Fenchel, Kümmel), evtl. jeweils 1–2 EL Sonnenblumenkerne, Kürbiskerne, Sesam und/oder Leinsamen sowie etwa 1½ l Buttermilch werden dazugegeben und fest verknetet, bis sich der Teig bindet. Zugedeckt sollte er anschließend etwa 2 Stunden in einem warmen Raum ruhen. Wenn der Teig auf etwa die doppelte Menge aufgegangen ist, wird er kurz durchgeknetet und in Brotformen, die mit Backfolie ausgelegt wurden, etwa bis zur Hälfte gefüllt. Das Backrohr kann nun schon auf 100° C angewärmt und die gefüllten Formen zum nochmaligen Aufgehen hineingestellt werden. Nach etwa 15– max. 30 Min. wird der Teig wieder aufgegangen sein. Nun stellt man ein kleines hitzebeständiges Gefäß mit Wasser ins Rohr. Dann erhitzt man das Backrohr auf 180° C und läßt die Brote ½ Stunde bei dieser Temperatur backen. Danach wird die Temperatur auf 150° C zurückgedreht und das Brot weitere 30–45 Min. gebacken. Als Probe, ob die Brote gut durchgebacken sind, nimmt man ein Brot heraus, stürzt es aus der Form und klopft unten auf das Brot. Klingt es hohl, sind die Brote fertig gebacken und können aus den Formen genommen werden .

Der Brotteig wird mit der Küchenmaschine geknetet

Die Brote sind fertig

Rezepte

Vorsicht!
Wenn die Brote vor dem Backen im Ofen aufgegangen sind und Heißluft aufgedreht wird, weil in mehreren Etagen gebacken wird, immer zuvor noch 5 Min. mit Ober- und Unterhitze erhitzen und erst dann auf Heißluft umschalten. Im anderen Fall wird zu kühle Luft über die Brote gewirbelt, und diese können zusammensinken.

Läßt man die Brote vor dem Backen in den Formen an einem warmen Ort in der Küche aufgehen, gibt man sie gleich in den auf 180° C vorgewärmten Backofen.

BUTTERMILCH-GETRÄNK

Buttermilch und Mineralwasser mischt man 1:1 und serviert nicht zu kalt.

BUTTERMILCH-MOLKE-MISCHGETRÄNK

Buttermilch, Molke und Mineralwasser im Verhältnis 1: 1: 2 gemischt, eventuell leicht gesalzen, ergibt ein durstlöschendes, mineralstoffreiches, bekömmliches Sommergetränk, das auch als Sportlergetränk bekannt ist.

BUTTERMILCH-JOHANNISBEER-GETRÄNK

½ l Buttermilch wird mit 0,1 l rotem Johannisbeersaft und 2 EL Zucker gemixt. Evtl. mit 1 Rosette Schlagrahm und 1 Blatt Melisse verzieren.

MÜSLI

Buttermilch eignet sich sehr gut als Beigabe zu jeder Art von Müsli.

BEIZE FÜR LEBER

Legen Sie Schafs,- Rinds- Schweins- oder Wildleber einige Stunden in gut bedeckende Buttermilch, so wird die Leber zart und erhält einen feinen Geschmack.
   Auch zum Wildfleischbeizen kann man Buttermilch gut verwenden.

SAUERMILCH

ALLGEMEINES

Läßt man unbehandelte Milch vom Bauern im Sommer in einer Schüssel offen stehen, bildet sich in wenigen Stunden durch eine sogenannte „wilde Säuerung" Sauermilch. Die Säurebakterien der Milch und die, die sich aus der Raumluft in der Milch ansetzen, vermehren sich rasch, und bei etwa 20–25° C ist die Milch schon in wenigen Stunden sauer.

Gezielt und schnell säuert man die Milch durch Zugabe von Milchsäurebakterien, z.B. von 4 EL frischer Sauermilch je Liter Milch. Dies ist bei pasteurisierter Milch aus dem Geschäft unbedingt notwendig, damit die Milch säuern kann. Bei Bauernmilch ist es ebenfalls ratsam, diesen „Säurewecker" oder „Säurestarter" zuzusetzen. Eine schnelle und gezielte Säuerung bewirkt, daß sich keine schädlichen Bakterien und Keime verbreiten können, und somit wird ein vorzeitiges Schlechtwerden der Milch verhindert.

SO WIRD'S GEMACHT

In eine weite Schüssel gibt man lauwarme Milch mit etwa 20 bis 24° C, fügt 4 EL Sauermilch je Liter Milch vom Vortag oder der Säurekultur hinzu und rührt mit einem ausgekochten Schneebesen gut durch. Anschließend wird die Schüssel mit einem sauberen, feinen Leinentuch (Windeltuch) abgedeckt, damit keine Fliegen etc. hineinkommen können. Dann wird sie an einen warmen Ort mit gutem Raumklima oder im Sommer in die Nähe des offenen Fensters (jedoch nicht in die Sonne!) gestellt. Nach 12 bis 24 h sollte die Milch sauer sein. Schafmilch benötigt bei dieser Temperatur 18 bis 30 h zum Säuern.

Im Sommer ist Sauermilch ein hervorragender Durstlöscher. Ehe Joghurt und Kefir in Europa so bekannt wurden, war Sauermilch die meist genossene saure Milch. Denn als die Milch noch nicht pasteurisiert in den Handel kam, war es üblich, daß die nicht gleich getrunkene Milch, die über Nacht sauer wurde, dann als saure Milch Verwendung fand. Heutzutage wird sie von den verschiedensten Arten von Joghurt und Kefir verdrängt, vor allem auch, weil die gekaufte, pasteurisierte Milch im Kühlschrank bei zu langer Lagerung schlecht und nicht sauer wird.

Sauermilch ist das Vorprodukt von Topfen und Käse. Viele Käsesorten werden aus Milch, die mit Warmsäuerung bei 28–32 °C dickgelegt wird, hergestellt. Über die Käse- und Topfenherstellung erfahren Sie mehr im Kapitel „Topfen (Quark)" und im Buch „Käsen leicht gemacht" (siehe Lotte Hanreich/Edith Zeltner).

ANDERE ARTEN VON SAUERMILCH

Acidophilusmilch

Milch wird mit Spezialkultur in Form von 4 EL gekaufter Acidophilusmilch je Liter angesetzt und bei etwa 37° C drei Stunden lang warm gehalten. Acidophilusmilch ist mild und fein im Geschmack und enthält überwiegend rechtsdrehende Milchsäuren. Besonders wohlschmeckend ist sie aus Schafmilch.

Ymer

Eine Besonderheit ist in Dänemark Ymer – eine Sauermilch mit erhöhtem (6 %) Eiweißgehalt.

Schwedische Langmilch

Schwedische Langmilch ist im Sommer bei 20–30° C einfach herzustellen. Sie gelingt nur wirklich gut mit unpasteurisierter Bauernmilch. Dabei wird ¼ l Milch mit einem Eßlöffel Ansatz einer Langmilch gut durchgerührt und nun einfach bei Zimmertemperatur stehen gelassen. Abgedeckt wird der Milchtopf mit einem feinen Tuch, damit kein Staub bzw. Fliegen die Milch verunreinigen. Nach 1–2 Tagen ist die Milch gesäuert.

Der Ansatz für Langmilch ist in Mitteleuropa schwer zu erhalten. Er kann für eventuelle Engpässe eingefroren werden. Meine Freundin besorgt sich im Frühjahr den Ansatz direkt aus Finnland und kommt so über den ganzen Sommer damit aus.

Die in der Langmilch vorhandenen schleimbildenden Bakterien, die manchmal „Fäden" verursachen, werden vor dem Verzehr mit dem Schneebesen oder Mixer zerschlagen. Für gemixte Getränke fällt dies aber ohnehin nicht ins Gewicht.

Schwedische Langmilch gilt als besonders leicht verdaulich und besitzt einen leichten Nußgeschmack.

Im Vergleich zu Joghurt ist die Zubereitung einfacher, da die Fermentierung bei Zimmertemperatur bzw. sommerlichen Temperaturen erfolgt.

Achtung!
Da die Langmilch-Bakterien sich auch über die Luft verteilen und andere offen stehende Milch befallen, ist eine räumliche Trennung erforderlich, wenn andere Milchprodukte hergestellt werden.

Säurewecker kommt zur Milch

Abgefüllter Topfen im Tuch und, im Hintergrund, in konischen Frischkäseformen

Die gestockte Milch wird vorsichtig erwärmt

GESUND MIT SAUERMILCH

Die gesundheitlichen Vorteile von Sauermilch sind denen von Joghurt ähnlich.
   Sauermilch ist für alte Menschen leichter verdaulich als süße Milch, da der Milchzucker durch die Fermentierung in leicht verdaubare Milchsäure umgewandelt wird. Überdies werden dabei Enzyme gebildet, die ein besseres Verdauen möglich machen.

ALTE HAUSMITTEL

- Probieren Sie bei regelmäßiger *Schlaflosigkeit* einmal, zum Abendessen ein bis zwei Tassen Sauermilch zu trinken. Das beruhigt sowohl *Magen* als auch *Nerven*.

Rezepte

Zwischenmahlzeit

1 Glas Sauermilch natur eignet sich sehr gut als Zwischenmahlzeit.

Sauermilchgetränk

Die Rezepte, wie bei Joghurt angeführt, können als Milch-Mix-Getränke auch mit Sauermilch hergestellt werden. Etwas mehr Honig oder Zucker versüßt das oft als zu sauer empfundene Getränk.

Speisen mit Sauermilch

Die Rezepte mit Joghurt oder Kefir können auch mit Sauermilch gemacht werden.

Sterz mit saurer Milch

Maissterz oder Polenta, aber auch Buchweizensterz wird in einigen Gebieten Österreichs mit heißen Grammeln und deren Fett übergossen und mit kalter, saurer Milch serviert.

TOPFEN (QUARK)

ALLGEMEINES

Topfen ist von der Molke getrenntes Milcheiweiß der Sauermilch. Er ist Ausgangsprodukt für viele Speisen und Käsearten, leicht selbst herzustellen und für die Verwertung von Magermilch ideal.

SO WIRD'S GEMACHT

Die Topfenherstellung ist wahrscheinlich die älteste Form der gezielten Milchverarbeitung.

Saure Milch wird am Herd vorsichtig und unter ständigem Rühren langsam und schonend erwärmt, bis sich die Topfenmasse etwas zusammenzieht. Dann wird die Masse in ein Windeltuch über einen Topf gegossen, die 4 Ecken hochgehoben, zusammengebunden und über der Schüssel aufgehängt. Will man einen trockenen, härteren Topfen haben, erwärmt man etwas länger. Wünscht man weichen, cremigen Topfen, läßt man die Molke im Tuch abtropfen, ohne die gut gestockte Sauermilch erwärmt zu haben. Dazu muß das Tuch sehr fein sein.

Meist wird der Topfen aus der bei der Rahmgewinnung anfallenden Magermilch gemacht. Um den gewünschten Fettgehalt und damit die Geschmeidigkeit zu erhalten bzw. ihn geschmacklich aufzubessern, kann diesem Magertopfen nach seiner Fertigstellung etwas Rahm oder Joghurt beigemengt werden. Will man trockenen Topfen fettarm belassen, aber streichfähig machen, mixt man ihn mit Mineralwasser.

Das Windeltuch wird natürlich speziell nur für die Topfenherstellung verwendet und als solches mit einem gestickten Zeichen markiert. Es muß nach dem Kauf sehr sorgfältig ausgewaschen und einige Male ausgekocht werden, damit die ganze Appretur ausgewaschen ist. Wird nur selten Topfen gemacht und sollten Sie das Topfentuch versehentlich mit der Tischwäsche in der Waschmaschine gewaschen haben, dann muß das Tuch noch oft händisch durchgeschwemmt und nochmals ausgekocht werden, damit keine Waschpulverreste im Tuch verbleiben. Das Tuch wird nach der Benützung einige Male kalt und dann heiß durchgedrückt, separat ausgekocht und möglichst in der Sonne trocknen gelassen. Vor jeder Verwendung wird das Tuch nochmals ausgekocht.

Topfenarten

Im Geschäft erhält man:
- Magertopfen
- Normaltopfen
- mit Rahm aufgebesserten, fettreichen Topfen
- Kräuter- oder Gewürztopfen
- fertige Topfenaufstriche
- Topfensaucen etc.

Topfen

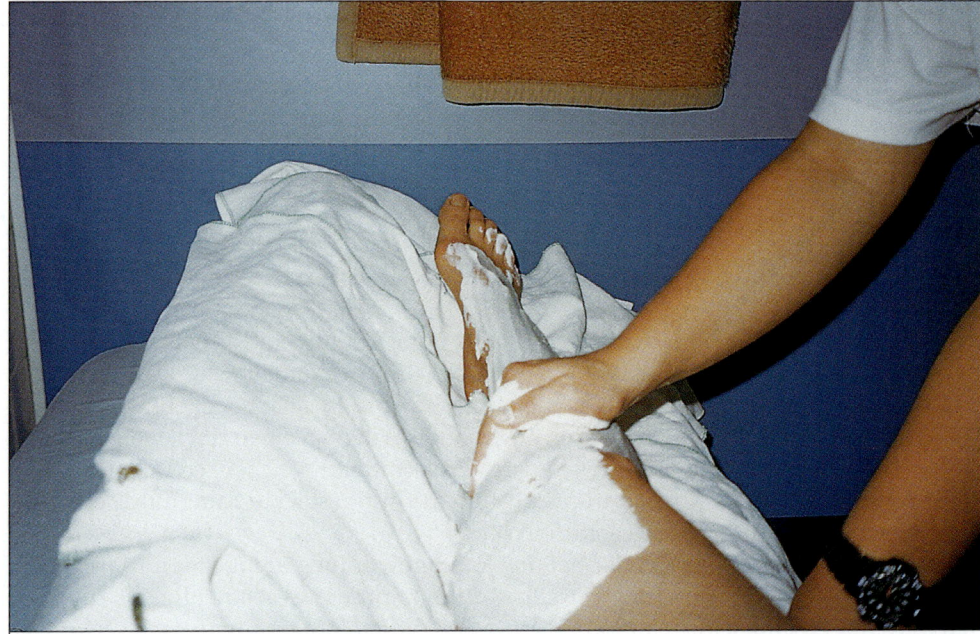
Topfenwickel: Ein Bein ist schon eingewickelt, am zweiten wird gerade Topfen aufgetragen

Gerade bei Topfen ist die Relation von Inhalt und Preis zu beachten. Mit dem Ausgangsprodukt, dem Magertopfen, kann man in der eigenen Küche mit einigen wenigen unterschiedlichen Zutaten eine Vielfalt an Topfenprodukten herstellen und sehr günstig, leicht, schnell und vielfältigst variieren.

ALTE HAUSMITTEL

- Für *ältere* und *übergewichtige Menschen* eignet sich Magertopfen vorzüglich als Speise. Er führt dem Körper das notwendige Eiweiß und Calcium zu.
- Topfen-Brotaufstrich, mit Schnittlauch abgemischt, wirkt *blutreinigend*.
- Bei *Bronchitis* ist ein Brustwickel mit angewärmtem Topfen hilfreich. Dazu wird angewärmter (nicht heißer!) Topfen auf ein Leinentuch gestrichen, dieses auf die Brust und/oder den Rücken gelegt. Der Oberkörper wird in ein großes Handtuch gewickelt. Der Patient ruht gut zugedeckt, bis der Topfenwickel trocken ist. Der Wickel sollte dann wieder erneuert werden (siehe auch unter Milch).

Topfen

- Nach der Geburt beugt man *Brustdrüsenentzündungen* vor bzw. heilt sie durch Topfenwickel (siehe „Essen und Trinken im Säuglingsalter").
- Bei *Entzündungen* sind nur kalte Umschläge wirkungsvoll. Eine Entzündung am Finger kann ebenfalls mit Topfenumschlägen behandelt werden. Die Entzündung beobachten, den evtl. notwendigen Arztbesuch nicht zu lange hinausschieben!
- Wenn Kinder *starkes Fieber* haben und kein Arzt schnell erreichbar ist, sollte man Umschläge mit kaltem Topfen auf die Pulsadern am Handgelenk legen oder Essigpatscherln machen. In Essig getauchte Tücher werden dazu um die Füße gewickelt, mit einem Handtuch umwickelt und mit einem Plastiksack gegen die Nässe geschützt. Oft tritt eine sehr rasche Fiebersenkung ein. Den Arzt konsultieren! Es ist wichtig zu wissen, woher das Fieber kommt!
- Topfenwickel werden bei *geschwollenen, schmerzenden Gelenken* aufgelegt, in Tücher eingewickelt und 1 Stunde belassen. Dann wird die fast trockene Topfenmasse abgerieben. Als begleitende Maßnahmen werden anschließend spezielle gymnastische Übungen gemacht, um die Beweglichkeit der Gelenke zu verbessern.
- Bei *Insektenstichen* mit Juckreiz und Geschwulst wirkt kalter Topfen kühlend und lindernd. Bei Bienenstichen wirkt auch sofortiges Einschmieren mit naturreinem Bienenhonig oder das Auflegen einer angeschnittenen Zwiebel.
- Bei *Lungenentzündung* legt man warme Topfenumschläge auf das Rippenfell. Täglich ½ l Ziegenmilch oder ¼ l Schafmilch trinken, unterstützt den Heilungsprozeß.

Vorsicht!
Gerade bei schwereren Erkrankungen sollte man unbedingt den Arzt konsultieren und mit ihm die begleitenden Naturheilmethoden absprechen.

- Trägt man bei *Venenentzündung* gekühlten Topfen auf, lindert das die Schmerzen und beugt einer Thrombose vor. Dazu werden die Beine bis übers Knie mit weichem Topfen gut eingeschmiert, in Tücher gewickelt und der Wickel 1 Stunde darauf belassen. Dann wird der trockene Topfen abgerieben. Als begleitende und wirkungsvolle Maßnahme wird im Anschluß etwa ½ Stunde spezielle Beingymnastik durchgeführt. Diese Anwendung wird in Kurheimen mit Erfolg durchgeführt.

Rezepte

Topfen weich machen

Zu fester Topfen wird mit etwas Sauermilch, Sauerrahm, Joghurt, Wasser oder Mineralwasser versetzt und mit dem Kochlöffel oder Stabmixer weich- und glattgerührt.

Topfenteig

Rasch einen Teig ohne Zucker und ohne Ei bereiten zu können, ist auch aus gesundheitlichen Gründen manchmal wichtig. Dazu eignet sich folgendes Teigrezept für Pizzaböden, pikante Torten, Obsttortenböden, Topfentascherln, Powidltascherln, Salzstangerln.

Der gleichschwere Teig wird aus jeweils 1 Teil Topfen (¼ kg), 1 Teil (¼ kg) Butter und 1 Teil (¼ kg) Mehl sowie einer Prise Salz hergestellt. Die Zutaten werden am Brett oder in einer Schüssel wie ein Mürbteig „abgebröselt" und gut verknetet. Vor der Weiterverarbeitung sollte der Teig zumindest ½ Stunde rasten. Die Masse kann ein bis zwei Tage, gut zugedeckt, im Kühlschrank aufgehoben werden, so daß heute dieses, morgen etwas anderes daraus zubereitet werden kann.

Pizza

Boden: Der oben angeführte Topfenteig wird auf ein beschichtetes Blech gedrückt und der Rand etwas hochgezogen.
Pizzasauce: 1 Zwiebel fein schneiden und in reichlich Öl goldbraun rösten, mit Tomatensauce oder geschälten, frischen Tomatenvierteln aufgekocht, mit Oregano und Salz abgeschmeckt und auf den Pizzaboden gestrichen.
Belag: Dann belegt man die Pizza mit allem, was die Küche z.B. auch an Resten zu bieten hat: Wurstscheiben, Champignons, Paprikastücke, Zwiebelringe, Schinken, Käsestücke etc. Gebacken wird bei 180° C, bis sich der Teigrand bräunt.

Apfelkuchen I

Das Kuchenblech wird mit dem Topfenteig belegt und geriebene Mandeln oder Bröseln daraufgestreut. Die Äpfel werden in schmale Schnitze geteilt, auf dem Teig in Reihen, an der dünnen Seite etwas übereinander, aufgelegt. Zimt und Zucker sowie Rosinen daraufgestreut und wie oben gebacken.

Rezepte

APFELKUCHEN II

1 kg Äpfel werden geschält, kleinblättrig geschnitten und in 100 g Butter, ohne Zucker, jedoch mit Rosinen, Zimt, 2 zerstoßenen Gewürznelken und 1 Vanillestange weichgedünstet.

Der Topfenteig wird in eine beschichtete Backform gedrückt und dabei der Rand des Teiges hochgezogen. Anschließend 20 Min. vorbacken. Danach wird die kalte Apfelmasse eingefüllt und bei 180° C noch etwa 20 Min. gebacken.

Variante
Auf die Apfelmasse wird ein Gitter aus dünnen Teigröllchen gelegt und mit Dotter bestrichen.

SALZSTANGERLN

Der obige Teig wird auf einem Brett ausgerollt, dann werden mit dem Messer 1 cm breite und 3–6 cm lange Streifen geschnitten, evtl. einmal gedreht, mit verquirltem Dotter bestrichen und mit Kümmel, Pfeffer oder grobem Salz bestreut. Die so geformten Stangerln werden auf ein Backblech gelegt und bei 180° C goldbraun gebacken. Nach dem Erkalten in einer gut verschließbaren Dose oder einem Glas aufbewahren.

KÄSESTANGERLN

Mit 100 g Reibkäse vor dem Backen bestreut, werden obige Stangerln zu einem hervorragenden Käsegebäck.

POWIDLTASCHEN

Der obige Teig wird auf einem Brett ausgerollt und in Quadrate von etwa 6–8 cm geschnitten. In die Mitte gibt man 1 KL Zwetschkenmarmelade und schlägt den Teig darüber, drückt die Seiten fest zusammen, bestreicht die Taschen mit Ei und bäckt sie bei 180° C goldbraun.

Variante
Als Fülle kann andere Marmelade, Topfencreme oder Nußfülle verwendet werden.

KNÖDELTEIG MIT TOPFEN

¼ kg Topfen wird mit ⅛ kg Mehl und etwas Salz abgemischt. Als Fülle eignen sich Zwetschken, Marillen, Kirschen, Erdbeeren.

Der Teig wird in Rollen von 3–4 cm Stärke geformt, mit dem Messer Scheiben abgeschnitten, diese etwas auseinandergedrückt, die Früchte eingelegt und mit dem Teig rundum gut zugedeckt und fest verschlossen. Die Knödel werden mit den beiden

Handflächen locker rundgeformt und auf einen bemehlten Teller gelegt. Danach werden sie in kochendes, leicht gesalzenes Wasser eingelegt, nach 2 bzw. 5 Min. vorsichtig mit dem Kochlöffel vom Boden gelöst und dann noch etwa 10–15 Min. gar ziehen gelassen. Anschließend werden sie herausgehoben und in gezuckerten, leicht angerösteten Semmelbröseln gewälzt und serviert. Die Knödel können zusätzlich noch mit Puderzucker, der mit Zimt vermischt ist, bestreut werden.

Braune Topfenknödel

Obigem Teig wird Kakao beigemischt, als Fülle eignen sich Ananas-Erdbeeren.

Topfenschmarren

500 g feiner, weicher Topfen und ½ l Milch werden gemixt. 4 Dotter, 150 g Mehl, 1 Prise Salz, evtl. 1 Päckchen Vanillezucker daruntergemengt und 100–200 g Rum-Rosinen dazugefügt. 4 Eiklar schlagen, 100 g Zucker nach und nach einrieseln lassen und vorsichtig unter die Masse heben.

Nun in einer großen Pfanne Butter schmelzen und die Masse hineingeben. Schonend wird von beiden Seiten eine goldgelbe Omelette gebraten, die dann mit der Gabel in Stücke gerissen wird. Den Schmarren am besten gleich auf den Teller geben und mit Staubzucker bestreut servieren.

Ist die Pfanne zu klein, um den ganzen Schmarren aufzunehmen, wird in Teilen gebacken. Die jeweils fertige Partie wird in eine Schüssel, die warm gestellt wird, gegeben und vor dem Servieren mit Staubzucker bestreut.

Tips
Rum-Rosinen
In einem Schraubdeckelglas werden die gewaschenen, wieder getrockneten Rosinen eingefüllt und mit Rum übergossen. So hat man stets weiche Rum-Rosinen für Omeletten, Krapfen und Kuchen zur Hand.

Vanillezucker
In ein entsprechend großes Glas gibt man Staubzucker. In diesen werden 3–5 Vanillestangen gesteckt, so daß sie ganz bedeckt sind. Der Staubzucker nimmt den Vanillegeschmack an. Bei Verwendung genügt es, immer wieder Zucker nachzufüllen.

Vanillesauce

Mischen Sie 2 Dotter mit 1 EL Maizena, 80 g Zucker, 1 EL oder 2 Päckchen Vanillezucker und ein wenig kalter Milch gut glatt. Dann geben Sie langsam kochende Milch dazu und schlagen die Masse noch etwas über dem Wasserbad bzw. Dampf dick. Zum Schluß können noch Rum-Rosinen eingerührt werden.

Rezepte

TOPFENCREME ALS FÜLLE FÜR 8 ÜBERBACKENE OMELETTEN

120 g Butter mit 100 g Zucker, 1 TL bzw. 1 Päckchen Vanillezucker und geriebener Zitronenschale schaumig rühren. Dazu geben Sie 300 g feinen, passierten Topfen, $\frac{1}{16}$ l süßen Rahm und zum Schluß den steifen Schnee von 4 Eiklar und Rosinen. Sollte die Creme zu weich sein, fügen Sie 1–3 EL Semmelbröseln dazu.

Die fertigen Omeletten werden mit der Creme bestrichen, eingerollt und in eine bebutterte, feuerfeste Form gelegt. Darüber wird eine Sauce aus 4 Dottern, Zucker, Vanille, $\frac{1}{16}$ l Rahm und $\frac{1}{8}$ l Milch gegossen und die Omeletten etwa 20 Min. gebacken.

HEIDELBEERSOUFFLÉ (für 4–6 Personen)

3 Dotter und 4 EL Zucker schaumig rühren, 1 Prise Salz, 1 kg Topfen dazurühren, dann 200 g Mehl und 100 g Gries unterrühren und den Teig ½ h stehen lassen. Hernach wird der Eischnee von 3 Eiklar untergehoben und die Masse in eine runde Auflaufform gegeben. Zum Schluß werden ½ kg Heidelbeeren darübergestreut und leicht untergerührt. Die Beeren sollten nicht zerrührt werden.

1 Stunde bei 200° C backen. Am Teller evtl. noch mit Staubzucker bestreuen.

Variante
Apfelscheibchen, Birnenstückchen und Streuzucker mit Zimt.

TOPFENKUCHEN MIT FRÜCHTEN

100 g Butter und 60 g Zucker schaumig rühren, einzeln 4 Dotter dazurühren, ½ kg feinen Topfen hinzufügen. Nun die 4 Eiklar mit 60 g Zucker aufschlagen. Zum Schluß 100 g griffiges Mehl abwechselnd mit dem Eischnee in die Masse einrühren.

Den Teig in eine flache Obsttorten- oder Springform drücken, den Teigrand etwas hochziehen und mit ¾ kg Früchten (Marillen, Äpfel oder Birnen) belegen. Bei 180° C wird der Kuchen gut eine Stunde im vorgeheizten Backrohr gebacken.

TOPFENTORTE

Machen Sie aus ¼ kg Mehl, ⅛ kg Butter, 2 EL Zucker, 1 Päckchen Vanillezucker, 1 Ei und 1 Schuß Weißwein einen Mürbteig, legen Sie damit eine Kuchenform aus und ziehen Sie den Teigrand hoch hinauf.

Als Fülle benötigen Sie Vanillepudding von ½ l Milch. Dazu geben Sie dann 4 EL Zucker, 1 Päckchen Vanillezucker, ½ kg feinen Topfen, 5 Dotter, ¼ l Schlagobers, 1 EL warmes Wasser. Mixen Sie diese Masse. Zum Schluß ziehen Sie den steifen Schnee von 4 Eiklar unter und füllen die Form. Nun geben Sie noch Kirschen oder Rosinen in die Fülle. Nach 20 Min. Backzeit lösen Sie den Kuchenrand vorsichtig von der Form, nach weiteren 25 Min. Backzeit überstreichen Sie den Kuchen mit der rest-

Topfenaufstrich-Varianten

Gefüllte Tomatenschiffchen

lichen Schneemasse, in die Sie etwas Zucker eingerührt haben. Nun backen Sie den Kuchen noch etwa 15 Min. vorsichtig fertig.

Pfirsichcreme (für 3–4 Portionen)

¼ kg Topfen wird mit ⅛ l Joghurt, Buttermilch oder Milch sowie Pfirsichpüree von 3–5 Pfirsichen, 1 EL Zucker und etwas Zitronensaft gut gemixt. Die Creme wird in Glasschüsserln serviert und mit jeweils 3 Biskotten oder Pfirsichstücken, einem Minzeblatt sowie einer Schlagobersrosette verziert.

Variante
Obiges Rezept, jedoch mit Beeren oder Obst der Saison.

Melone mit Topfenfülle

Die Zucker- oder Honigmelone halbieren, die Kerne entfernen und das Fruchtfleisch zu ⅔ vorsichtig mit dem Löffel aushöhlen. Dieses wird kleinwürfelig geschnitten und mit 1–2 EL Zucker, dem Saft von ½ Zitrone, ⅛ kg feinem Topfen, 100 g Himbeeren sowie 1 Stamperl (Gläschen) Himbeergeist gut vermischt. Die Melonenhälften werden wieder gefüllt, mit einer Frischhaltefolie verschlossen und 1 Stunde in den Kühlschrank gestellt. Danach sehr kalt servieren.

Varianten
Statt Himbeer- kann Marillengeist oder Armagnac genommen werden.
Statt Himbeeren können Marillen, Kiwis oder Heidelbeeren verwendet werden.
Die Fülle kann auch pur, nur mit Melone und den anderen Zutaten, zubereitet werden.

Topfenkugeln für die Käseplatte

50 g Butter weich rühren und 100 g weichen Topfen sowie 100 g geriebenen Hartkäse, Salz und Kümmel unterrühren. Kugeln formen und in geriebenen Walnüssen wälzen.

Varianten
Man kann die Kugeln in Parmesan, Kräutern oder Paprika wälzen.

Tomatenschiffchen fürs kalte Buffet

2 Tomaten in Vierteln teilen und die Kerne ausheben. 50 g würzigen Ziegenkäse oder Gorgonzola mit einer Gabel zerdrücken, 100 g Topfen, Salz und Pfeffer daruntermischen. Die Tomaten mit 2 kleinen Löfferln füllen und obenauf ein kleines Blatt Petersilie stecken.
Sollte Käse überbleiben, wird er als Brotaufstrich verwendet.

Aufstriche

Weisser Topfenaufstrich

Fettreichen Topfen oder Magertopfen, der evtl. mit Crème fraîche, Joghurt oder etwas Mineralwasser weichgerührt wurde, salzen, mit weißem Pfeffer würzen, 2 Knoblauchzehen hineinpressen und gut verrühren.

Grüner Topfenaufstrich

¼ kg Magertopfen, 2 EL Kürbiskernöl und/oder 2 EL Sauerrahm, Salz, Pfeffer, 2 EL geriebene Kürbiskerne, 2 Knoblauchzehen sowie 2 EL feingeschnittene Zwiebel werden gut abgemischt oder gleich alles nach und nach mit dem Stabmixer gemixt. 1 – 2 gekochte Kartoffeln strecken den Aufstrich. Dazu Vollkornbrot (Vollkornweckerln) servieren.

Bunter Topfenaufstrich

¼ kg Topfen wird mit etwas Salz abgemischt. Grüne, rote, gelbe Paprikahälften werden sehr fein geschnitten und mit feingehackter frischer Petersilie und sehr feingeschnittener Zwiebel in den Topfen eingerührt.

Roter Topfenaufstrich

Topfen, feingeschnittene Zwiebel, kleingeschnittene süß-saure Essiggurkerln, evtl. Kapern, etwas Senf, Salz und rote Paprikawürze gut abmischen.

Weiss-grüner Kräutertopfen

¼ kg Topfen wird mit etwas Sauerrahm cremig gerührt, gesalzen und ausgiebig feingeschnittener Schnittlauch untergemischt.
    Anstelle von Schnittlauch kann im Frühjahr auch Bärlauch verwendet werden.

Gelber Aufstrich

3 Eier kochen und fein hacken oder passieren, mit ¼ kg Topfen, etwas Sauerrahm, 2 kleingeschnittenen Essiggurkerln, Salz sowie gepreßtem Knoblauch gut mischen.

TOPFENDIP

Topfen wird mit Sauerrahm cremig gerührt und mit Kräutern nach eigenem Gutdünken gewürzt.

Statt beim Fernsehen oder bei Partys Salzgebäck und Süßigkeiten zu knabbern, kann man geschnittene Gemüsestreifen (Paprika, Karotten, Gurken, Sellerie, Fenchel) herrichten, die in die Topfensauce getaucht werden und so auch kalorienbewußten Genießern das Knabbern erlauben.

KÄSE

ALLGEMEINES

Seit Urzeiten ist die Verkäsung von Milch zur Haltbarmachung des Milcheiweißes bekannt. Weltweit gibt es weit über 4.000 verschiedene Käsesorten, und das Verkäsen der Milch ist ein unerschöpfliches Gebiet. Um diesem Kapitel in einer kurzen Darstellung annähernd gerecht zu werden, gehen wir nicht auf die einzelne Machart einiger Käsesorten ein. Diese sind im Buch „Käsen leicht gemacht" sehr genau beschrieben. Hier behandeln wir nur allgemein den komplexen Prozeß der Verkäsung.

Die gesäuerte oder dickgelegte Milch wird, um die Molke vom Eiweiß zu trennen, in Formen gepreßt. Nach einer bestimmten Behandlung des Käserohlings und einer unterschiedlichen Reifungszeit wird der Käse genußreif. Die Verkäsung ist ein einfacher, jedoch komplexer Prozeß, bei dem es zum Teil auf alte Rezepturen und Erfahrung, zum anderen Teil auf genaueste Einhaltung von Hygiene, Temperatur, Be- und Verarbeitungszeit sowie auf die zugefügten Bakterienstämme, den Reifungsraum, die Reifungszeit und Lagerung ankommt.

Was geschieht mit der Milch während des Verkäsens?

Bei der Dicklegung der Milch durch Säuerung, Labzusatz oder einer Kombination davon gehen Calcium und Eiweiß eine Verbindung ein und bilden ein Molekülgerüst, das Molke einschließt. Beim Schneiden oder Rühren des Bruchs wird das Calzium-Eiweiß-Gerüst zerstört und die Molke kann austreten. Das Entmolken geschieht im Käsekessel, im Tuch oder in der Käseform durch das Eigengewicht oder durch Pressen und Umlegen. Molke wird rasch von der Käsemasse getrennt und ist ein Nebenprodukt bei der Käseherstellung. In die Molke gehen Wasser, Molkeneiweiß, wasserlösliche Vitamine, etwas Calcium und Mineralsalze ab. Im Käse verbleiben Casein, Calcium, Fett, Wasser und vorwiegend fettlösliche Vitamine.

KÄSESORTEN

Bestimmend für die Käsesorten sind

- der *restliche Wasser- bzw. Molkengehalt* im Käse und damit die Dauer der Haltbarkeit: Je mehr Molke im Käse verbleibt, desto weicher ist er und desto geringer ist seine Haltbarkeit. In Frischkäse ist der Wassergehalt am höchsten und die Lagerfähigkeit am geringsten. In Parmesan hingegen verhält es sich umgekehrt. Zwischen diesen Extremen gibt es eine schier unendliche Fülle verschiedenster Käsesorten;

- *der Fettgehalt:*
Es gibt mageren Käse, aus Magertopfen hergestellt, und unterschiedlich fettreichen Käse. Die Bezeichnung F.i.T. gibt an, wieviel % Fett in der Trockenmasse des Käses enthalten sind. Das ist etwas verwirrend und erfordert einige Umrechnungskünste, damit sie den absoluten %-Anteil von Fett im Käse erfahren. So ist in Frisch-

Geräte für die Joghurt- und Käseherstellung: Milchtopf mit Deckel, Buttermilch als Säurewecker, Joghurt als Ansatz, Schöpfer, Lochschöpfer, Schneerute, Lab, Thermometer, Käsetuch (Windel)

Geräte und Tücher werden vorher ausgekocht

käse sehr viel Molke enthalten, die die Trockenmasse verringert. Daher ist z.B. bei angegebenen 40 % F.i.T. im Frischkäse und Topfen nur ein Anteil von etwa 10 g Fett in 100 g Käse enthalten, während bei 40 % F.i.T. im Emmentaler ungefähr 25–30 g Fett in 100 g Käse, bei getrocknetem, geriebenem Parmesan mit 40 % F.i.T.-Angabe allerdings wirklich 40 g Fett in 100 g Käse enthalten sind.

Nach den Fettgehaltsstufen wird der Käse folgendermaßen eingeteilt:
– Überfettstufe (Rahmstufe): mindestens 55 % F.i.T.
– Vollfettstufe: mindestens 45 % F.i.T.
– Dreiviertelfettstufe: mindestens 35 % F.i.T.
– Halbfettstufe: mindestens 25 % F.i.T.
– Viertelfettstufe: mindestens 15 % F.i.T.
– Magerstufe: mindestens 4 % F.i.T.

- die *Art der Stockung der Milch:*
  – Es gibt Labkäse: Hier wird die Milch durch Zugabe von Lab rasch gestockt, ohne daß sie sauer wird;
  – oder Sauermilchkäse: z.B. Topfen. Hier wird die Milch durch Säuerung gestockt;
  – oder Käse durch Lab-Säuerung, also eine Kombination von beidem, bei der während der Säuerung eine Stockung durch Labzusatz erreicht wird.
  Die Weiterverarbeitung der gestockten Milch ist dann wieder von Sorte zu Sorte verschieden;

- die *Reifungszeit* und *Haltbarkeit:*
  – **Frischkäse** wird in 1–3 Tagen fertig zum Verzehr sein und ist auch zum sofortigen Konsum gedacht. Im Kühlschrank hält der fertige Frischkäse 3–4 Tage, wenn er gut verschlossen aufbewahrt wird. Er säuert nach und verdirbt rasch, wenn er nicht ganz sorgfältig gelagert wird.
  – **Weichkäse** wird in etwa 3 Wochen fertig gereift sein. Angeschnitten hält er etwa 10 Tage im Kühlschrank. Er sollte zur vollen Aromaentwicklung 1 Stunde vor dem Verzehr aus dem Kühlschrank genommen werden. Um Weichkäse länger haltbar zu machen, kann man ihn vor oder nach der Reifung, gut in Wachs eingehüllt oder in Plastikfolie eingeschweißt, bei + 5° C einige Monate in Spezialkühlschränken lagern.
  – **Schnittkäse** reift in 1–3 Monaten zum fertigen Käse und hält angeschnitten im Kühlschrank etwa 10 Tage. Auch diesen Käse sollte man 1 Stunde vor dem Verzehr aus dem Kühlschrank nehmen, damit er sein volles Aroma entwickeln kann.
  – **Hartkäse** benötigt 4–6 Monate (Almkäse) bzw. bis zu 3 Jahre (Parmesan) Reifungszeit und ist daher wesentlich länger haltbar als Schnittkäse. Stets ist aber zu bedenken, daß der Käse gut verschlossen im Kühlschrank oder entsprechend gut verwahrt in einem eigenen Käsekellerraum gelagert werden sollte;

- die *Verarbeitungstechnik*:
  Es ist nicht gleich, ob man den Käsebruch schneidet oder rührt, ob man ihn im Tuch oder in der Form entmolkt, ob man ihn preßt oder nicht. Durch die unterschiedliche Entmolkungszeit gibt es auch unterschiedliche Geschmacksnuancen. Bei langsamer Entmolkung säuert der Käse länger weiter. Bei schnellerer Entmolkungszeit wird wenig weitergesäuert und die Reifung wird durch Salzen und Lagerung erzielt.

- die *Verarbeitungstemperatur* und die daraus abgeleitete *Verarbeitungszeit*:
  - Niedere Temperaturen lassen die Milch während der Bearbeitung langsam und länger säuern. So entsteht Topfen und Frischkäse.
  - Mittlere Temperaturen ergeben eine schnellere Abfolge der einzelnen Arbeitsschritte und werden für Weich- oder Schnittkäse verwendet.
  - Höhere Temperaturen verkürzen dementsprechend die Verarbeitungszeit und damit auch den Säuerungsprozeß. Dies erfordert später eine längere Reifungszeit. So entsteht Hartkäse, z.B. Emmentaler, Gruyere oder Parmesan;

- die *zugegebene Salzmenge* und die *Art des Salzens*:
  Ob der Käse naß, also im Wasserbad, oder trocken, durch Einreiben, gesalzen wird, ist von Rezept zu Rezept verschieden;

- die *Verarbeitung im Kupferkessel*:
  Wenn – wie früher meist und heute wieder vermehrt – Käse im Kupferkessel zubereitet wird, enthält er einen etwas erhöhten Kupfergehalt;

- die *zugesetzten Säure-* oder *Pilzkulturen*, die *beigemengten Gewürze*:
  Die Kulturen und Gewürze bestimmen die Geschmacksausbildung des Käses. Hier sind der eigenen Kreation beim Selbermachen fast keine Grenzen gesetzt. Werden für den Frischkäse Kümmel, Knoblauch, Dill oder Herbes de Provence bzw. sonstige Kräutermischungen verwendet, so ergibt das mit kleinen Kunstgriffen eine Vielfalt für die Käseplatte.

Obwohl für Sie nun die Milchverarbeitung wegen ihrer Komplexität sehr schwierig aussehen mag, ist mit einfachsten Mitteln und nach einfachsten Rezepten seit altersher hervorragender Käse gemacht worden. Erfahrung und Genauigkeit, großes Können und Einhaltung der Hygienebestimmungen sind mitbestimmend für gute Käsequalität. Die großtechnologischen Möglichkeiten von Molkereien in der heutigen Zeit haben Verfahren entwickelt, die es ermöglichen, mit dem Einsatz von Zusätzen, wie speziellen Kulturen, Käsereisalzen sowie exakter Computerüberwachung von Hygiene, Zeit und Temperatur gleichbleibenden Geschmack einer Sorte über viele Produktionschargen hinweg zu erzielen. Hausgemachter Käse bzw. Almkäse wird

Lab wird in die Milch eingerührt | Schnittprobe: Ist die Dickete fest genug?

Schneiden der Dickete für Frischkäse

Frischkäse wird abgefüllt

Frischkäse ist das erste Mal umgedreht

auch innerhalb einer Sorte an verschiedenen Tagen selten den ganz gleichen Geschmack aufweisen. Schon die naturbelassene Milch von Kühen aus nur einem Stall wird, bei unterschiedlichem Futterangebot, abweichende Geschmacksnuancen im Käse hervorrufen. Gerade diese Feinheit im Geschmack, die Natürlichkeit und Unterschiedlichkeit der einzelnen Käse ist für Käse-Gourmets, die nur das Feinste vom Feinen genießen wollen, ausschlaggebend. Genießen also auch Sie selbstgemachten Käse als Wohltat für Ihren Gaumen und für Ihre Gesundheit!

SO WIRD'S GEMACHT

Frischkäse

Milch vom Bauern, möglichst gleich nach dem Melken, oder pasteurisierte, leicht angewärmte (20–28° C) Milch wird mit 2–3 EL eines guten „Säureweckers" (frische Buttermilch, Sauerrahm oder Sauermilch) pro l Milch versetzt und mit einem Tuch abgedeckt an einem warmen, hygienisch sauberen Ort aufgestellt. Nach ½ Stunde gibt man 4–6 Tropfen Labextrakt je Liter Milch – in etwas lauwarmem Wasser aufgelöst – dazu, verrührt und läßt die Milch wieder abgedeckt stehen. Nach einigen Stunden ist sie puddingartig eingedickt. Nun schneidet man mit einem langen Messer, das bis zum Boden reicht, in Abständen von 5 cm diese „Dickete" durch, so daß Quader entstehen. Wieder abgedeckt, wartet man, bis die Molke sichtbar ausgetreten ist und sich die Käsewürfel etwas verfestigt haben.

Jetzt wird abgefüllt. Sie benötigen dazu ein Käsetuch (neue Windel oder grobes Leinentuch), in das Sie die Käsemasse einfüllen und es anschließend wie beim Topfen über einem Topf, der die Molke auffängt, aufhängen. Nach etwa 3 Stunden wird die Käsemasse vom Tuch gelöst und im Tuch etwas gedreht, damit daraus eine Kugel wird.

Haben Sie jedoch gelochte Frischkäseformen, so füllen Sie die Masse dort ein und stellen Sie diese zum Abtropfen der Molke auf ein schräggestelltes Brett oder ein Gitter über einem Topf. So kann die Molke aufgefangen werden.

Am nächsten Tag wird der Käse aus dem Tuch oder der Form auf ein Brettchen gestürzt, sobald dies möglich ist, ohne daß er seine Form verliert. Nun wird er rundum mit grobem Salz leicht gesalzen und auf das Brettchen gelegt. Am darauffolgenden Tag wird er umgedreht und obenauf wieder gesalzen. Nach einem weiteren Tag ist der Frischkäse fertig.

Wird der Frischkäse aus Diätgründen nicht gesalzen, ist er, wenn er aus der Form oder dem Tuch genommen wird, sofort zu verzehren. 2–3 Tage kann er jedoch, in der Molke eingelegt, verschlossen und kühl gelagert werden.

Weichkäse

Die ersten Arbeitsschritte sind gleich wie beim Frischkäse. Milch mit 28–30° C wird mit einem Säurewecker versetzt und nach einer halben Stunde mit 4–6 Tropfen Labextrakt je Liter Milch – in etwas Wasser aufgelöst – eingelabt. In kurzer Zeit ist die Milch dick. Nun schneidet man mit einem langen Messer längs und quer im Abstand von 3–5 cm große Würfel, oder man verschöpft mit einem flachen Schöpfer. Nach 10–15 Minuten schneidet man die Masse nochmals oder verschöpft neuerlich. Nach weiteren 10–15 Minuten schneidet man horizontal bzw. wiederholt das Verschöpfen (Umschöpfen). Dann wird in Weichkäseformen abgefüllt. Ist der Käse fest genug, wird er mit der Form auf ein Brettchen gestürzt. Am nächsten Tag kann man die Form entfernen. Der Käse wird rundum gesalzen und wieder aufs Brettchen gelegt. Nach einem weiteren Tag wird er nochmals gesalzen und umgedreht. Tags darauf ist der Käserohling fertig.

Diesen kann man nun entweder

- so wie er ist, schon verwenden;
- gleich, also ungereift, in Stücke schneiden und diese in Gewürzöl einlegen und kühl lagern;
- wenn er nach zweimaligem Salzen trocken ist, einwachsen oder in Plastik einschweißen, kühl lagern (bei 5° C über einige Monate) und 3 Wochen vor dem Verbrauch bei 14° C reifen lassen;
- zum Reifen im Reifungsraum auflegen und schmieren, bis er eine Rinde hat. Täglich wird der Käse gewendet und geschmiert;
- mit Camembertbakterien besprühen, wenn in die Milch mit dem Säurewecker bereits Camembertbakterien beigemischt wurden, und den Käse in einem eigenen Raum zum Camembert reifen lassen.

Die Reifung des Weichkäses dauert etwa 3 Wochen und wird, unter genauer täglicher Beobachtung des Käselaibes, in einem Reifungsraum erfolgen. Bei der Reifung tritt aus dem Käse Wasser aus, Salz geht in den Käse hinein, und der Geschmack wird würzig.

Hartkäse

Die Anfangsschritte sind ähnlich wie bei Frisch- oder Weichkäse. Abweichend ist die Einlabtemperatur. Diese beträgt 32–34° C, bei manchen Sorten auch darüber. Nach dem Einlaben wird die Käsemasse sehr schnell fest. Geschnitten wird mit einer

Frischkäse-Varianten

Käsejause mit selbstgemachten Frischkäsen

Käseharfe, evtl. mit einem Käsemesser, im Abstand zwischen 0,5 und 1 cm dreimal, also längs, quer und horizontal. So entstehen gleich große Würfel, deren Größe und Genauigkeit für die Qualität des Käses ausschlaggebend sind. Nachdem sich die Käsewürfel verfestigt haben, wird die Käsemasse in der Molke auf etwa 34–36° C nachgewärmt und gerührt, bis der Käsebruch die richtige Konsistenz hat. Dann wird in Hartkäseformen abgefüllt, die Molke schnell abrinnen gelassen, ein Deckel wird auf die Form gesetzt und der Käse gepreßt. Sobald er etwas die Form behält, das kann schon nach ½ Stunde sein, wird er aus der Form genommen, umgedreht, wieder in die Form gegeben und stärker gepreßt. Diesen Wendevorgang wiederholt man öfter, bis der Käse fertig fürs Salzen ist. Gesalzen wird entweder trocken, ähnlich wie beim Weichkäse, oder naß in einem Salzbad. Ist der Käse nach dem Salzen abgetrocknet, kommt er in einen eigenen Reifungsraum und wird dort einige Monate, bei Parmesan bis zu 3 Jahren, gepflegt.

Zum eigenen Versuch kann Käse auch in der Küche hergestellt werden. Voraussetzung dabei ist, daß diese sauber ist, nicht nach irgend etwas riecht (Schimmel, Abfall, Abfluß), keine Haustiere zur Küche Zugang haben und einen auch nicht der Käsegeruch, der sich nach einer Woche dort einfindet und erst das richtige Raumklima ausmacht, stört. Weiters darf in der Küche kein Hefe- oder Brotteig zum Gehen aufgestellt werden, die Küche muß gut gelüftet, aber darf nicht zugig sein. Alle Geräte, die man zum Käsen benötigt, müssen vor dem Gebrauch sorgfältig ausgekocht werden. Keine Putzmittelrückstände dürfen mit Milch in Kontakt kommen, und blankes Eisen (Kochtopf, Blechsieb, ausgeschlagene Emailschüssel) ist ebenfalls zu vermeiden. Sollte das Küchenfenster auf eine stark befahrene Straße oder auf den Hof mit einem Misthaufen führen, ist es kaum möglich, Hartkäse herzustellen. Weiters ist darauf zu achten, daß Silagemilch vom Bauern für Hartkäse nicht geeignet ist. In der langen Reifungszeit würden die Buttersäurebakterien der Silage, die über die Fütterung in die Milch gelangten, den Käse verderben.

Nur Mut!

Seien Sie dennoch mutig und versuchen Sie, Frischkäse zu machen!

Sollte Ihnen dies Freude bereiten, können Sie sich dann zum Weichkäse vorwagen. Es ist eine Koch-Reise ganz eigener Art. Sie werden mit Neuem konfrontiert, das Gelingen macht Freude, Ihnen selbst und den Mitgenießern. Lassen Sie sich nicht entmutigen, wenn es einmal nicht so gut gelingen sollte. Dann betreten Sie mit der Fehlersuche Neuland, und die notwendigen Veränderungen und Vorsichtsmaßnahmen werden Ihnen neue Möglichkeiten eröffnen. Die Herstellung von Hartkäse erfordert allerdings vorher schon mehr Vorbereitungen und wird nur dann wirklich gut gelingen, wenn Sie auch entsprechende Geräte und einen geeigneten Reifungsraum besitzen. Sollten Sie weiteres Interesse und Freude an der Herstellung von Käse haben, wird Ihnen das Buch Hanreich/Zeltner „Käsen – leicht gemacht", Leopold Stocker Verlag, sicherlich eine wichtige Hilfe sein. Darin werden etwa 120 Rezepte, Tips und Tricks der Milchverarbeitung verraten und in leicht nachvollziehbarer Darstellung beschrieben.

GESUND MIT KÄSE

Gesundheitsbewußte achten darauf, in ihrer Nahrung ausreichend Calzium aufzunehmen. In Käse ist Eiweiß und Calcium konzentrierter enthalten als in Milch, und im Hartkäse ist mehr Eiweiß und Calcium enthalten als in der gleichen Menge Frischkäse.

Wenn täglich wenig Milch oder Joghurt konsumiert wird, sollte Käse öfter am täglichen Speiseplan stehen, um den erforderlichen Tagesbedarf an Calcium zu decken. Weiters sind hochwertiges Eiweiß, Mineralstoffe, Spurenelemente und Fett im Käse, die ihn zu einer wichtigen Basis in der Nahrung für Kinder, Jugendliche und alte Menschen machen.

Käse in Kombination mit Brot, Kartoffeln oder Teigwaren ergibt eine ausgewogene Mahlzeit. Nach dem Prinzip ⅓ Brot und Beilagen, ⅓ Obst und Gemüse, ⅓ Milch und Milchprodukte und etwas Fleisch, Fisch oder Ei sowie 1–2 EL Öl oder Butter täglich genossen, führen dem Körper alles, was er braucht zu, nehmen Milch und Käse eine wichtige Stellung im täglichen Speiseplan ein.

Käse dient auch zum Verbessern der Speisen. Er findet Verwendung zum Überstreuen, Überbacken, Einmischen und an Stelle von Fleisch, nicht nur für Vegetarier.

ALTE HAUSMITTEL

- Als *Krankenkost*, zum Wiederaufbau des geschwächten Organismus, ist Milcheiweiß besser verdaulich als Fleischeiweiß und sollte vorsichtig, (z.B. beginnend mit salzarmem Topfen oder Frischkäse) in die Nahrung eingebaut werden.

- Eine gute Eiweißversorgung ist nach einer Krankheit für das Blut und den Wiederaufbau von Muskeln und Gewebe wichtig. Ein Mangel an Eiweiß kann zu *Wasserstau – Ödemen* – führen.

- Käse fördert die Heilung von *Knochenbrüchen* und hilft der *Osteoporose* vorzubeugen.

- Wer Hartkäse als Abschluß einer Mahlzeit verzehrt, reinigt die Zähne, da Käse milchzuckerfrei ist und eine basische Wirkung im Mund entfaltet. Somit ist Hartkäse auch ein Mittel gegen *Zahnbelag* und *Karies*.

Weichkäse mit Gewürzen

Fertiger Weichkäse mit Rotschmiere

Hartkäse: Der Käsebruch wird vorsichtig nachgewärmt und ausgerührt

Am Bauernhof: Ein Reifungsraum für Käse

Für Hartkäse wird eine Käsekugel im Tuch geformt. Die Molke rinnt so schneller ab

Die Käsekugel wird in die Form gegeben

Bei manchen Hartkäsen wird der Käse einige Zeit unter der warmen Molke gepreßt

Vorsicht bei Käse

Gerade bei Milch und Käse ist es wichtig zu beobachten, wie der Körper nach einer Mahlzeit reagiert. Denn, was dem einen gut tut, kann dem anderen schaden. Eine Unverträglichkeit, die sich unter Umständen in Form einer Allergie zeigen kann, sollte ernst genommen werden. Oft muß man auf ein anderes Milchprodukt ausweichen oder es sogar im Extremfall vorübergehend ganz weglassen.

> **Vorsicht!**
> Bei der Hart- und Schnittkäseerzeugung können bei der Reifung als Abbauprodukte von Eiweiß *biogene Amine* entstehen.

Hier ist der Spruch „auf die Menge kommt es an" besonders wirksam. Ein Zuviel an Emmentaler kann bei empfindlichen Personen, die zu *pseudoallergischen Reaktionen* auf biogene Amine neigen, Übelkeit hervorrufen.

> **Vorsicht!**
> Der *Salzgehalt* im Käse kann bei *salzempfindlichen Personen* zu einer *Verstärkung des Bluthochdrucks* führen. Verzichten Sie in diesem Fall auf Hartkäse und weichen Sie auf ungesalzenen oder salzarmen Frischkäse aus.

Fettreiche Käse sind cholesterinreich und sollten ganz bewußt nur in kleinen Mengen in die Nahrung einbezogen werden. Ziehen Sie bei *erhöhten Cholesterinwerten* die Vielfalt an fettarmen Milchprodukten (Quargel, Kochkäse, Magertopfen) vor.

> **Vorsicht!**
> Bei Nierenproblemen sollte ärztlich abgeklärt werden, ob auf Milcheiweiß verzichtet werden muß.

REZEPTE
KÄSEPLATTE

Eine Käseplatte nach einem guten Essen erfreut nicht nur ausgesprochene Käseliebhaber.

5 bis 7 verschiedene Käsesorten werden auf der Platte, vom Frischkäse beginnend über Weich- und Schnittkäse zu Hartkäse, im Uhrzeigersinn aufgelegt. In dieser Reihenfolge sollte der Käse auch gegessen werden, so daß mit Frischkäse begonnen wird und Hartkäse den Abschluß bildet.

Garniert wird die Käseplatte, je nach Möglichkeiten und Einfallsreichtum, mit Apfel, Weintrauben, Tomaten, Paprika, Dill, Kräuter, Nüssen u.ä. Zu den meisten Käsesorten serviert man Weißwein, denn das Salz vom Käse läßt das Tamin vom Rotwein bitter schmecken.

ZIEGENKÄSE-CREME

100 g Ziegenkäse mit einer Gabel zerdrücken und mit 3 EL Obers glattrühren. Anschließend 1 EL grobgehackte Walnußkerne untermischen. Mit dieser Creme werden gebähte kleine Weißbrotschnitten (Baguette-Schnitten), Pumpernickel oder Salzgebäck bestrichen.

KÄSEBÄLLCHEN

⅛ kg geriebener Hartkäse wird in ⅛ kg weichgerührter Butter mit Petersilie, Salz, Pfeffer und Tabascosauce verrührt und abgeschmeckt. Auf einem mit Alufolie belegten Brettchen werden mit zwei Teelöffeln kleine Nockerln geformt, in die man links und rechts je eine Walnußhälfte drückt. Zum Festwerden stellt man die Bällchen 1 Stunde lang in den Kühlschrank. Serviert wird auf der Käseplatte oder als Happen zu trockenem Weißwein.

ERDÄPFEL (ÜBERBACKEN) (für 3–4 Personen)

Etwa 1 kg gekochte Erdäpfel werden geschält, in 1 cm dicke Scheiben geschnitten, in eine bebutterte Backform gelegt, leicht gesalzen, gepfeffert, evtl. mit Schnittlauch, Bärlauch oder Petersilie bestreut oder mit Knoblauchstückchen belegt, mit ¼ kg Schafkäse- oder Weichkäsescheiben bedeckt und bei Oberhitze goldbraun gebacken.

Tip
Vor dem Backen mit Zitronensaft beträufelt und mit Oregano überstreut, erinnert die Speise an Griechenland.

Kartoffel-Käse-Auflauf (für 2 Personen)

½ kg Kartoffeln werden gekocht und geschält. In eine kleine Auflaufform gibt man eine Lage 2 cm dicke Kartoffelscheiben. 150 g Topfen werden mit 5 EL Sauerrahm, Salz und Paprika glattgerührt und über die Kartoffeln gegossen. 2 Scheiben Kochschinken in Stücke schneiden und darüber legen. Darauf wird nochmals eine Lage Kartoffelscheiben gelegt. 100 g Sauerrahm und 2 Eier werden verquirlt und darüber gegossen. Geriebenen Käse darüberstreuen, kleine Butterstückchen obenauf verteilen und bei 200° C goldgelb backen.

Schwarz- oder Weissbrot überbacken

Angeröstetes oder getoastetes Brot wird auf ein Backblech gelegt, mit Schinken und Schnittkäsescheiben belegt und bei Oberhitze überbacken. Garnieren kann man mit Nüssen, Äpfeln, Traubenhälften, Salatblättern oder mitgebackenen Tomaten bzw. Paprikastreifen.

Warme Käsebrote

Um rasch eine warme Abendmahlzeit zu zaubern, nimmt man pro Person 3 Schnitten Schwarzbrot, Bauernbrot oder Vollkorntoast und legt sie auf ein Backblech, evtl. auf eine Backfolie. Nun belegt man diese Brote mit je 1–2 Rädern quergeschnittenen grünen Paprikafrüchten, in die man eine dicke Schnitte Käse legt. So zubereitet, werden die Brote bei Oberhitze oder im Grill kurz überbacken, bis der Käse zu schmelzen beginnt.

Nudel-Käse-Salat (für 4–6 Personen)

¼ kg Spiralnudeln werden gekocht und mit kaltem Wasser abgeschreckt. 100 g Schnittkäse wird in feine Streifen geschnitten, mit ¼ kg gekochtem Mischgemüse und den gekochten, kalten Nudeln vermengt. Mit Mayonnaise von 1 ganzen Ei oder 2 Dottern abgemischt, mit Salz und Pfeffer gewürzt.

Salate mit Käse

Je nach Saison werden die verschiedensten grünen und roten Blattsalate mit Tomaten, Gurken, Oliven, evtl. Sprossen, mit einer Senfmarinade gemischt sowie mit Frischkäsestückchen und Salatkräutern (Dille, Zitronenmelisse, Kapuzinerkresse, Petersilie) verziert.

Rezepte

Eine Käseplatte mit eigenem Käse

ZIEGENKÄSEPARFAIT (für 2–4 Personen)

100 g Ziegenkäse passieren, mit 120 g Sauerrahm, Salz, Pfeffer und frischen Kräutern (Dill, Petersilie) abmischen. 3 Blatt aufgelöste Gelatine einrühren und gleich den von 100 g Obers geschlagenen Schlagrahm unterheben. Sofort in kalt ausgeschwenkte Formen füllen und 1 Stunde in den Kühlschrank stellen. Vor dem Servieren auf Teller stürzen und mit Radieschen, Basilikum, Petersilie und/oder Schnittlauch verzieren.

RACLETTE

Auch ohne Raclettegerät kann im Backrohr Raclette bereitet werden. Gekochte Kartoffelhälften oder dicke Scheiben von großen, gekochten Kartoffeln werden auf ein Backblech, am besten auf Backfolie gelegt. Die Kartoffeln werden mit Raclette-Käseschnitten belegt, Zwiebelringe, Tomaten und Paprikastreifen dazugelegt und im Backrohr bei Oberhitze oder im Grill gebacken, bis der Käse schmilzt und leicht goldbraun ist.

Da das Gericht immer wieder frisch und heiß gegessen werden sollte, kann man die Mahlzeit auf 2–4 Portionen einteilen, vorbereiten und stets ein weiteres Blech ins Backrohr stellen, wenn das fertige Raclette zu Tisch gebracht wird.

Käse

KÄSEMÜRBTEIG

190 g Mehl, 150 g geriebener Hartkäse bzw. Emmentaler und Salz in eine Schüssel geben, ¼ l Obers mit einem Messer untermischen und dann den Teig fest abkneten. 1 Stunde zugedeckt rasten lassen.

Den Teig in eine Kuchen- oder Tortenform drücken und am Rand entsprechend hochziehen.

Als pikante Auflage oder Fülle sind der eigenen Kreativität kaum Grenzen gesetzt.

Zupferlinge-Käsegebäck

Obiger Teig wird von Hand in kleinen Teilen abgezupft und aufs Blech gesetzt, bei 200° C goldbraun gebacken.

KÄSEKÜCHLEIN

Zu ½ kg Mehl und 150 g altem, geriebenem Hartkäse wird ein „Dampfl" aus 40 g Germ (Hefe), 2 EL Zucker, ¼ l Milch sowie ⅛ kg zerlassener Butter, 1 Ei, ½ TL Salz gegeben und daraus ein geschmeidiger Teig geknetet. Dieser wird zugedeckt und an warmer Stelle gehen gelassen. Sollte der Teig zu weich sein, kann man noch etwas Mehl einkneten, damit er die Form hält. Dann den Teig in 2 oder 4 Teile teilen, Weckerln formen, auf ein Backblech legen, mit verquirltem Dotter bestreichen, nochmals 10 Min. gehen lassen und bei 180° C backen.

KÄSE-SCHINKEN-ROLLEN (für 8 Stück)

¼ l Obers schlagen, mit 150 g geriebenem Hartkäse und 1 Ei vermischen und damit 8 Schinkenscheiben bestreichen. Diese werden eingerollt und in eine mit Butter gefettete Auflaufform gelegt.

Auf die Schinkenrollen je 1 Scheibe Hartkäse legen, pfeffern und im Backrohr etwa 15 Min. bei 200° C backen.

GEMÜSEAUFLAUF MIT BÉCHAMEL

50 g Butter oder Öl werden in einem Topf erwärmt, danach 50 g Mehl einrühren und leicht anschwitzen. Nun nimmt man den Topf vom Herd und rührt nach und nach ⅛ l Milch ein. Anschließend wird die Masse unter ständigem Rühren erwärmt, zum Kochen gebracht und der Topf danach sofort wieder vom Herd weggezogen. Ist die Masse überkühlt, salzen und 2–3 Eidotter nach und nach gut einrühren.

Eine feuerfeste Form wird mit Butter befettet und mit Bröseln ausgeschwenkt. Dann gibt man 1 kg gekochtes, in kleine Stücke geschnittenes Gemüse je nach Saison (Karfiol, Mischgemüse) und evtl. 100 g kleingeschnittenen Schinken bzw. grob gerie-

Rezepte

benen Käse in die Form, übergießt mit der kühlen Béchamelsauce und überstreut mit geriebenem Hartkäse. Bei mittlerer Hitze goldgelb backen.

KÄSENUDELN ODER KÄSENOCKERLN (für 2 Personen)

¼ kg fertig gekochte Spirali-Nudeln, Hörnchen oder Nockerln werden mit geriebenem Hartkäse gemischt, in eine feuerfeste Auflaufform, die gebuttert und mit Bröseln bestäubt ist, gegeben und mit einer Mischung aus ¼ l Milch, 2–3 Eiern und etwas Salz übergossen. Nun wird geriebener Hartkäse darüber gestreut und das Ganze bei mittlerer Hitze goldgelb gebacken.

KÄSETÄSCHCHEN

Zunächst wird ein Nudelteig aus 200 g Mehl, 1 Ei, etwas Salz und ¹⁄₁₆ l Wasser hergestellt, gut abgeknetet und dann ½ Stunde rasten gelassen.
Inzwischen macht man die Fülle:
Entweder 100 g geriebenen Hartkäse, 50 g Topfen mit 1–2 Eiern vermischen und kleine Kugerln formen oder 50 g Butter, 50 g Brösel, 250 g Topfen, ¹⁄₁₆ l Rahm, Salz, 1 Ei gut abmischen und kleine Kugerln formen.
  Nun wird der Nudelteig in 2 Teile geteilt und dünn ausgewalkt. Auf einen Teil legt man die Fülle-Kugeln in einem Abstand, daß dazwischen genügend Platz bleibt, bestreicht ringsum die Fülle mit Eiklar, legt den zweiten Teil des ausgewalkten Teiges oben auf und drückt den Teig rund um die Fülle gut an. Nun werden die Täschchen mit einem Teigrädchen ausgeradelt. Danach werden die Käsetäschchen in kochendem Salzwasser etwa 5–10 Min. gekocht, abgeseiht, mit heißer Butter übergossen und gleich serviert. Geriebener Parmesan und Salate ergänzen die Speise.

KÄSESUPPE (für 2 Personen)

½ l fertige Einmach- oder Gemüsecremesuppe wird mit 40 g geriebenem Hartkäse versprudelt, aufgekocht, und dann werden noch 1 Eidotter und 1 EL Süßrahm eingerührt.

KÄSESOUFFLÉ (für 2 Personen)

2 TL Butter im mäßig warmen Topf zergehen lassen, 2 KL Mehl und ¹⁄₁₆ l Obers einrühren und aufwallen lassen. Nun kommt der Topf vom Herd, danach salzen und pfeffern. Nach dem Überkühlen werden 2 Dotter und 80 g geriebener Käse untergerührt. Zum Schluß wird der Eischnee von 2 Eiklar untergezogen.
  Eine gebutterte, feuerfeste Form wird zur Hälfte mit der Soufflémasse gefüllt und diese bei 180° C goldbraun gebacken.

Erdäpfel, mit Raclette-Käse belegt

Erdäpfel, überbacken

Rezepte

KÄSEFONDUE

Die Fonduepfanne mit 2 Knoblauchzehen ausreiben. 4 TL Kartoffelmehl mit 600 g geriebenem Fonduekäse – original 200 g Emmentaler und 400 g Greyerzer – vermischen und in die Fonduepfanne geben. 5 dl Weißwein und 1 TL Zitronensaft dazugeben und die Fonduemasse am Herd unter ständigem Rühren zum Kochen bringen. Dann gleich auf den Fonduekocher stellen. Den Geschmack mit 2 TL Kirschwasser, Pfeffer und evtl. etwas Muskatnuß abrunden.

Weißbrotwürfel auf die Gabel spießen und in der Pfanne einmal umrühren. Wenn jeder umrührt, sollte das Fondue keine Fäden ziehen.

FRANZÖSISCHE ZWIEBEL-KÄSE-SUPPE

¼ kg Zwiebelringe mit Butter und Zucker goldbraun rösten, ½ l klare Suppe darübergießen und 15 Min. lang köcheln lassen.

2 Toastbrote werden gebuttert und getoastet. Auf den harten kalten Toast wird je 1 Knoblauchzehe abgerieben.

Die Suppe wird in zwei feuerfeste Suppentassen gefüllt, je 1 Toastbrot oben aufgelegt und je 1 EL geriebener Hartkäse darübergestreut. Bei 200° C mit Oberhitze so lange im vorgeheizten Rohr oder im Grill backen, bis der Käse schmilzt.

Variante
Die Suppe mit dem gekochten Zwiebel wird mit Käse überstreut und kommt so ins Rohr. Wenn der Käse geschmolzen ist, wird die Suppe auf 2 Tellern angerichtet, je ein mit Knoblauch eingeriebener Toast daraufgelegt und gleich serviert.

GEBACKENE KÄSEÄPFEL

Von 2 harten Äpfeln Deckel mit Stiel abschneiden und das Kerngehäuse vorsichtig aushöhlen, ohne unten ein Loch zu machen. Dann vorsichtig den Apfel etwas aushöhlen, ohne die Schale zu verletzen. Das Fruchtfleisch klein schneiden und mit 100 g kleinwürfelig geschnittenem Weichkäse (Camembert) mischen und in die Äpfel füllen. 2 Eier, 2 EL Obers, 1 EL Milch gut mixen, mit Salz und Pfeffer abschmecken und in die Äpfel gießen. Danach den Deckel aufsetzen und in zwei kleine feuerfeste Formen stellen, je 1 TL Butter und etwas Weißwein dazugeben und bei 180° C zirka 20 Min. backen.

KÄSESTANGERLN

Hiezu kann entweder selbstgemachter oder gekaufter Blätterteig verwendet werden. Schnitten von selbstgemachtem Hartkäse, Emmentalerschnitten oder Toastkäsescheiben werden vorbereitet. Der Blätterteig wird anschließend in Quadrate geschnitten und mit den etwas kleineren Käsescheiben belegt. Von einer Ecke zur gegenüberliegenden eine Rolle machen und aufs Backblech legen, mit Eidotter bestreichen, Reibkäse darüberstreuen und goldbraun backen.

Varianten
Statt Blätterteig kann auch Topfenteig verwendet werden.
    Als Belag: Reibkäse auf die Teigquadrate streuen oder Topfen mit Parmesan vermischen und dick auf den Teig auftragen.

MOLKE

ALLGEMEINES

Molke fällt bei der Topfen- und Käseherstellung an. Im Supermarkt ist reine Molke, die nicht gezuckert oder mit Früchten oder Aromen versetzt ist, kaum zu erhalten. In den Drogerien oder Reformhäusern gibt es Kurmolke zu kaufen, die in Form von Molkepulver angeboten wird.

Sie werden vielleicht direkt vom Bauern Molke oder Milch beziehen können oder auch pasteurisierte Milch im Geschäft kaufen, um Topfen selbst herzustellen. So erhalten Sie Ihre selbstgemachte Molke.

Läßt man Molke bei Zimmertemperatur stehen, rahmt der Molkenrahm auf. Es bildet sich rasch eine weiße „Haut", die aus Hefen besteht und die Molke rasch verderben läßt. Daher muß Molke stets verschlossen im Kühlschrank aufbewahrt werden. So hält sie sich 2–3 Tage. Durch Pasteurisieren kann Molke etwas länger aufbewahrt werden, es gehen dabei aber Vitamine verloren.

GESUND MIT MOLKE

Molke wurde schon vor etwa 4.000 Jahren von den Sumerern für Fastenkuren verordnet. Hippokrates (460–375 v. Chr.) setzte bereits frische Molke zur Behandlung von Gicht und Lebererkrankungen ein. Auch Galen (129–199 n. Chr.), der Leibarzt von Marc Aurel, wendete Molke als Heilmittel an. Bereits 1483 werden in einem umfassenden medizinischen Werk Molkekuren vorgeschlagen. Im 18. und 19. Jh. wird besonders Ziegenmolke bei Tuberkulose, Verdauungsleiden und Gicht eingesetzt. Zu dieser Zeit entstehen im deutschsprachigen Raum zahlreiche Molkekurorte, z.B. Bad Kreuth, Interlaken, Bad Ischl.

Molke wurde einst auch als „Serum" der Milch bezeichnet und hatte einen hohen Stellenwert, ehe es ganz still rund um sie wurde. Lange Jahre wurde Molke nur mehr als Abfallprodukt oder Schweinefutter bewertet. Seit etwa 1960 wird sie jedoch in zunehmendem Maße wieder geschätzt. Sie wurde wissenschaftlich untersucht und hat heute wegen ihres Gehaltes an Mineralsalzen, Spurenelementen, Molkeneiweiß (Albumin, Globulin), Lactose, Calcium, Enzymen und Vitaminen wieder einen hohen Stellenwert für die Gesundheit des Menschen. Frische Molke ist ein gutes, durstlöschendes und heilendes Getränk. Im Handel gibt es nun auch Fruchtmolke als Durstlöscher.

WAS BEINHALTET REINE NATUR-MOLKE?

Molke von Kuhmilch beinhaltet je Liter 5–8 g Molkeneiweiß, das aus Albumin und Globulin besteht und ein sehr hochwertiges Eiweiß darstellt. Weiters sind in Molke die Vitamine B_1, B_2, B_6 und B_{12} sowie 0,5 % Mineralstoffe (Calcium, Kalium, Phosphor, Natrium, Schwefel, Chlor) und Spurenelemente (Mangan, Kupfer, Jod) enthal-

Molke

ten. Molke enhält weniger als 3 % Fett. Bei Schaf- oder Ziegenmilch-Molke sind die Wertigkeiten etwas anders.

In „Sauermolke", die bei der Sauermilch-Topfenherstellung anfällt, ist mehr Calcium enthalten als in „Labmolke" oder „Süßmolke", die bei der Herstellung von Labkäse gewonnen wird. In Molke aus der Käseproduktion aus Vollmilch ist noch verhältnismäßig viel Fett enthalten, das in Käsereien zu Molkebutter weiterverarbeitet werden kann.

Molke, die in kleinen Mengen im bäuerlichen oder im Selbstversorger-Haushalt anfällt, kann meist sofort und gut verwertet werden. Von den Vorlieben der Familie wird es abhängen, ob Sie Brot mit Molke statt mit Wasser backen, oder ob Sie lieber ein entspannendes Molkebad nehmen, ob Sie für die Kinder ein kühles Molkefruchtgetränk bereitstellen, ein Sportlergetränk mixen, oder ob Sie selbst eine Molkekur machen.

Bei regelmäßiger Käseherstellung am Bauernhof fällt auch dementsprechend viel Molke an, so daß eine genaue Planung der Molkeverwertung sinnvoll erscheint. Da die Haltbarkeit der Molke ohne Zusätze sehr gering ist und sogar pasteurisiert und gekühlt nur wenige Tage beträgt, ist sie stets rasch zu verwenden. Man kann Molke für Vielerlei anbieten, sei es für eine Molkekur oder als Molkefruchtgetränk. Man kann sie zu Zieger, Ricotta, Mozarella weiterverarbeiten, Molkenessig, den „Seired", herstellen oder zum Abwaschen verwenden. In den Verkaufsregalen der Supermärkte und in den Drogerien und Reformhäusern sind bereits seit einigen Jahren Molkeprodukte zu finden und geben Anregungen zur eigenen Verwertung. Für die Tierfütterung sollte Molke nur in Ausnahmefällen Verwendung finden.

Ein besonderes Getränk aus Molke gibt es in Rußland: Kwas – ein bekanntes Getränk mit der typischen gelbbraunen Färbung – ähnlich dem Bier – das aus Molke und Zucker durch Gärung hergestellt wird.

ALTE HAUSMITTEL

- Ein *Molkebad* ist eine *Verjüngungskur* für die Haut und eine Entspannung für den Körper. Molkebäder wurden in den Molkekuranstalten angeboten. Auch in der Antike wußten die Römerinnen schon von der pflegenden Wirkung des Molkebades, auch wenn sie Molke damals noch nicht nach den heutigen wissenschaftlichen Kriterien untersuchen konnten. Heute weiß man, daß die Milchsäure ein günstiges Hautmilieu bewirkt und die Haut weich und geschmeidig macht.
  1 bis 2 Liter Molke in ein nicht zu warmes Vollbad gießen und 15 bis 20 Min. lang genießen. Die Haut wird weich und zart. Nach dem Baden nur sanft oder gar nicht abtrocknen und eine halbe Stunde zugedeckt ruhen.

- Für ein *Molkefußbad* bei *Venenentzündungen* gibt man ½ l Trockenmolke auf etwa 20 Liter 27° C warmes Wasser des Fußbeckens, stellt die Beine bis unters Knie hin-

Molke

ein und badet 20 Minuten lang. Dann wird nicht abgetrocknet, sondern die Beine werden an der Luft trocknen gelassen. Anschließend wird ein Topfenwickel (siehe dort) aufgelegt. Die Haut wird dabei angenehm weich, und die Venen werden kuriert.

- Eine *Molkekur*, wie sie die Ärzte der Antike verschrieben haben, ist heute bei schweren Leiden nur als Zusatzbehandlung neben der ärztlichen Behandlung sinnvoll und sollte mit dem Arzt abgesprochen werden. In Kuranstalten kann eine Molkekur unter ärztlicher Aufsicht und Anleitung Hilfe bieten.
  Molke wird für *Fastenkuren*, zur *Gewichtsreduktion*, zur *Reinigung* und *Entschlackung* des Körpers, zum *Entgiften von Darm bzw. Leber* eingesetzt. Die Molke wirkt wegen ihres hohen Lactoseanteiles abführend, entwässernd, entschlackend und stoffwechselanregend.
  Ein Glas Molke kann unter Umständen sogar bei Lactose-Intoleranz genossen werden. In diesem Fall sollte der Arzt unbedingt zu Rate gezogen werden.

– *Molke-Normalkost-Kur*
  Wird 1 Liter Tages-Trinkmenge durch Molke gedeckt, so tut man seinem Körper schon etwas sehr Gutes. Frische Molke, ungezuckert oder mit reinen Fruchtsäften vermischt, führt dem Körper wichtige Mineralstoffe und Vitamine zu.

– *Molke-Kurzkur*
  Um eine leichte Verbesserung der Verdauung zu bewirken und ein wenig Gewicht loszuwerden, kann man sich u.a. zu einem Fasten-Wochenende entschließen.
  Ein Wochenende bzw. 3 Tage werden täglich 1 bis 1½ Liter Molke getrunken. Als Ergänzung werden 80 ml Pflanzensäfte (Brennessel, Artischocke, Löwenzahn), verdünnt in stillem Mineralwasser oder Kräutertees (Kamille, Pfefferminze, Fenchel), getrunken. Die Tagesflüssigkeit sollte insgesamt 3 Liter betragen. Keine oder nur wenig feste Nahrung, kein Alkohol, jedoch viel Ruhe und Spaziergänge sowie Gymnastik und Schwimmen sind an diesen Tagen wichtig und erhöhen den Kurerfolg.

– *3–4 Wochen-Kur*
  Will man ein zu hohes Gewicht reduzieren oder Gicht, Leberleiden oder Verdauungsprobleme verbessern, so kann eine 3- bis 4wöchige Molkekur von großem Vorteil sein. Hiebei ist unbedingt mit Eiweiß angereicherte Kurmolke zu verwenden.

Vorsicht!
Diese Kur sollte nur unter ärztlicher Kontrolle durchgeführt werden!

Ärztliche Betreuung vor, während und nach der Kur geben Sicherheit und erhöhen den Erfolg der Kur. Heute gibt es auch wieder Kuranstalten mit ärztlicher Betreuung, die auf Molke-Kuren spezialisiert sind.

Die mit Eiweiß (Albumin und Globulin, das durch Ultrafiltration gewonnen wurde) angereicherte Kurmolke, weist einen Gesamteiweißgehalt von 30 g Eiweiß je Liter Molke auf. Sie wird unter Zugabe der Milchsäurebakterien L (+) und D (-) im Verhältnis 90:10 gezielt gesäuert und so speziell für Molke-Kuren hergestellt. Verwendet man angereicherte Molke für die Kur, ist die Gewichtsabnahme, wie in vielen Untersuchungen bewiesen, zu etwa 70 % Fettgewebe, 26 % Wasser und nur 3–4 % Körperprotein. Das Totalfasten hingegen bewirkt angeblich nur etwa 51 % Fettverlust und mehr Wasser- bzw. Eiweißverlust.

Reine Ziegen- oder Schafmolke soll ähnliche Wirkung haben wie Kurmolke, weil in ihr mehr Albumin und Globulin enthalten ist als in Kuhmolke.

Allerlei Tips rund um die Molke

- *Molke als Putzmittel*
  Molke mit einem Schuß Essig im Abwaschwasser ist ein sehr handschonendes Spülmittel und trägt zur Umwelterhaltung bei. Es ist als Naturprodukt voll abbaubar.

- *Molke als Düngemittel*
  Geringe Mengen Molke können im Frühling oder Herbst auf die Blumenbeete aufgebracht werden.

> **Vorsicht!**
> Falls täglich große Mengen Molke anfallen, dürfen sie nicht ohne weiteres in den Ausguß gegossen oder in einem Bach entsorgt werden. Ersteres schadet den Abflußrohren, letzteres den Fischen. Größere Mengen nicht anders verwerteter Molke werden dann am besten den Schweinen verfüttert.

REZEPTE

SPORTLER-GETRÄNK

Nach der Sauna, nach sportlicher Betätigung und starkem Schwitzen ist Molke oder Fruchtmolke, 1:1 mit Mineralwasser verdünnt, ein ideales Getränk. Es ersetzt den Flüssigkeitsverlust, versorgt den Körper mit Vitaminen, Mineralstoffen, Spurenelementen, Molkeneiweiß und ist durstlöschend. Am besten, Sie genießen dieses Getränk gekühlt, aber nicht zu kalt.

TRINKMOLKE

Molke oder Klarmolke wird – mit Honig gesüßt – in kleinen Gläsern angeboten. Zur Verfeinerung kann ein kleiner frischer Zweig Zitronenmelisse ¼ Stunde lang darinnen ziehen gelassen werden.

MOLKE-FRUCHTGETRÄNK

Ribiselsaft, Himbeersaft oder andere Fruchtsäfte werden mit Molke an Stelle von Wasser knapp vor dem Verzehr verdünnt und kalt getrunken.

MOLKENSUPPE

In 1 Liter aufgekochter Molke 2 EL Dinkelmehl einkochen, mit Salz und Kümmel würzen und nochmals unter ständigem Rühren aufkochen. Serviert wird die Suppe mit angerösteten Weißbrotwürfeln. 1 EL Rahm obenauf verfeinert die Suppe, macht sie aber kalorienreicher. Mit etwas gehackter Petersilie oder feingeschnittenem Schnittlauch wird die Suppe serviert.

SAURER BREI

½ l Buttermilch und ½ l Molke werden gemischt, aufgekocht und etwa ¼ kg Gries eingekocht. Zum Brei wird Powidl serviert.

FELDEGGER DINKELBROT

3 l Dinkel werden gemahlen. In das Mehl wird eine Grube gemacht, darin 1 Päckchen (4,2 g) Germ (Hefe) zerdrückt, mit etwas lauwarmer Molke und ein wenig Mehl zu einem sehr weichen Brei vermischt, zugedeckt 10 Min. stehen gelassen. Dann sieht man, daß die Germ aufgegangen ist. Nun werden 2 EL Salz, 3 EL Brotgewürz (Koriander, Anis, Kümmel, Fenchel), 4 EL Sonnenblumenkerne und 4 EL Leinsamen

sowie etwa 1½ l lauwarme Molke dazugemischt und der Teig in der Teigschüssel mit dem elektrischen Rührgerät auf niederer Geschwindigkeitsstufe 10 Min. lang geknetet. Dabei wird gleich die Festigkeit des Teiges kontrolliert. Ist der Teig zu fest, muß noch etwas Molke, ist er zu weich, etwas Mehl dazugegeben werden. Danach läßt man den Teig an einem warmen Ort etwa 2 Stunden aufgehen.

3 Kastenformen werden mit Backpapier ausgeschlagen. Der gut aufgegangene Teig wird nochmals durchgeknetet und in die bereitgestellten Formen gefüllt, so daß die Form höchstens ¾ voll ist. Das Backrohr wird auf 100° C vorgeheizt, die Brotformen werden hineingegeben und ein kleines Gefäß mit Wasser dazugestellt. Nach etwa 10 Min. ist das Brot wieder aufgegangen. Dann wird die Temperatur auf 180° C eingestellt und vorerst 3 Min. bei Ober- und Unterhitze und dann noch ½ Stunde bei Umluft gebacken. Nach dieser halben Stunde wird die Temperatur auf 150° C zurückgedreht und das Brot noch eine weitere ¾ Stunde gebacken. Danach kommt es sogleich aus der Form, wird auf ein mit Papier belegtes Brett gestellt und langsam auskühlen gelassen.

Tips
Dieses Brot eignet sich gut zum Einfrieren, dadurch wird es aber etwas trockener.

Gewürze können variiert, je nach Geschmack vermehrt oder verringert werden.

Sind die Formen für die Menge zu klein, werden mehrere Formen nötig sein. Man kann aber aus dem restlichen Teig, unter Beimengung von Mehl, auch Weckerln formen oder Fladen machen und diese separat backen.

KNÄCKE-FLADEN

Wenn ein Holzherd vorhanden ist, können auf der Herdplatte aus dem Brotteig Knäcke-Fladen gebacken werden. Dazu wird viel Mehl in den fertigen Brotteig eingeknetet. Ganz dünne, nicht zu große Fladen werden ausgewalkt und an einer nicht zu heißen Stelle der Herdplatte gebacken. Wenn sie ganz trocken gebacken sind, werden diese in einer Dose, fest verschlossen, bis zum Verzehr aufgehoben.

Als Variante kann beim Auswalken Mohn oder Kümmel eingewalkt werden. Diese Fladen müssen besonders vorsichtig gebacken werden.

Mit Butter oder Grammelschmalz bestrichen, sind die frischen, noch warmen Fladen eine Köstlichkeit.

Molke

MOLKEKÄSESORTEN

Zieger

Fallen mindestens 15 Liter Molke am Tag an, lohnt es sich, Zieger zu machen. Dazu kocht man die Molke schonend auf (Rühren nicht vergessen!) und zieht schon beim ersten Hochwallen den Topf vom Herd. Das Albumin ist ausgeflockt und kann, erkaltet, als sogenannter „Zieger" abgeschöpft oder in einem sehr feinen Tuch abgeseiht werden. Die abfließende „Klarmolke" ist praktisch ohne Eiweiß, daher klar, variiert farblich von grünlich bis gelb und kann ebenso in allen Rezepten Verwendung finden.

Der Zieger ist dem Topfen ähnlich, aber trockener, besteht nur aus Molkeneiweiß und kann für Topfenknödel, Topfennudeln, Topfenteig oder Molkenkäse verwendet werden.

Mozzarella mit Tomaten – eine Sommer-Mahlzeit

Molke

Schotten

In heiße Molke wird Milch geschüttet und die aufsteigende Masse gleich abgehoben, gesüßt und mit eingeweichten Rosinen serviert.

Reibkäse

Zieger wird gesalzen, evtl. mit Kümmel oder getrockneten Kräutern gewürzt und zu kleinen Kugeln oder Laibchen geformt. Diese läßt man trocknen und kann sie so einige Wochen lagern. Sie sind als Reibkäsewürze für Nudelgerichte verwendbar.

Molkenkäse

Saure Molke wird mit mindestens 50 % Milch vermischt und erhitzt. Sobald die Käsemasse an die Oberfläche steigt, wird diese abgeschöpft. Überkühlt werden daraus Kugeln geformt und diese sofort in kalte Molke eingelegt. Im Kühlschrank in einem verschlossenen Glas gelagert, hält der dem Mozzarella ähnliche Käse einige Tage.

LIEBE LESERIN, LIEBER LESER!

Nun liegt das fertige Manuskript dieses Buches vor uns. Langes Recherchieren, Schreiben, Ergänzen und Überarbeiten sind abgeschlossen. Viel Detailwissen und unzählige gesammelte Erfahrungswerte zum Thema Milch und Milchprodukte haben wir nun zu Papier gebracht. Doch etwas wollen wir noch hinzufügen, anhängen, um das Geschriebene abzurunden.

Beim Lesen dieses Buches kann leicht der Eindruck entstehen, Milch sei das wesentlichste aller Nahrungsmittel, und ohne Milch und Milchprodukte würde sich kein Mensch ausreichend ernähren können. Wir wollen dies ein bißchen relativieren. Denn die Grundlage der menschlichen Ernährung bilden seit jeher Getreideprodukte (Brot, Nudeln, Knödel, Reis), die durch tägliche Obst- und Gemüseportionen zur Versorgung mit wichtigen Vitaminen (vor allem Vitamin C) ergänzt werden. Dazu kommen nun die tierischen Lebensmittel, die den Körper mit Eiweiß und einigen speziellen Vitaminen versorgen. In dieser Gruppe nimmt Milch allerdings den Hauptstellenwert ein. Sie ist das einzige tierische Lebensmittel, dessen Genuß täglich und in größerer Menge empfohlen wird, denn sie versorgt uns mit den in unseren Breiten so notwendigen Calciummengen.

Muß auf Milch in der Nahrung verzichtet werden, z. B. bei Milcheiweißallergie oder Milchzuckerintoleranz, dann ist es schwierig, ausreichend Calcium mit der Nahrung aufzunehmen. Um Milch in allen Lebensmitteln zu vermeiden und trotzdem ausgewogen versorgt zu sein, muß die Gestaltung des täglichen Speiseplanes in diesem Fall unter Anleitung einer Diätassistentin oder Ernährungswissenschafterin gelernt werden.

Auf Milch in der Nahrung wird auch von Anhängern fernöstlicher Kostformen verzichtet. Dabei sollte beachtet werden, daß Ernährungsweisen nicht ohne weiteres von einem Erdteil in einen anderen übernommen werden sollen, da die klimatischen, traditionellen und kulturellen Gegebenheiten nicht vergleichbar sind. In Ländern mit hoher Sonneneinstrahlung ist auch der Calciumbedarf geringer, da vermehrt Vitamin D in der Haut aktiviert und der Knochen dadurch ausreichend gestärkt wird. Oft fußt der Verzicht auf Milch in anderen Ländern auch auf einem Mangel an Weideland für Milchtiere oder regionalen Traditionen. Wird generell auf Milch in der Kost der Erwachsenen verzichtet, so bildet sich das Enzym Lactase infolge mangelnden Gebrauchs zurück, und es tritt Milchzuckerintoleranz auf. Dies führt zu großen Beschwerden bei Milchgenuß, weshalb „Ernährungsgurus" aus solchen Ländern meist eindrücklich vor dem Verzehr von Milch und Milchprodukten warnen.

Eine Warnung ist unserer Ansicht nach allerdings in zweierlei Hinsicht angebracht.

Zum einen spiegelt Milch in ihrer Zusammensetzung immer die Futterkomponenten sowie die Haltung und die Rasse der Tiere wider. Daher kommt der artgerechten Futterauswahl und Tierhaltung sowie dem verantwortungsbewußten Umgang mit Medikamenten eine große Bedeutung zu. Wir empfehlen deshalb vor allem empfindlichen Personen, BIO-Milch zu verwenden. Diese erfüllt eine Reihe zusätzlicher Qualitätskriterien. Unverträglichkeitsreaktionen des Körpers nach dem Verzehr

Liebe Leserin, lieber Leser!

von Milchprodukten können nämlich unter Umständen bereits auf geringste Spuren von Chemikalien aus Stallanstrich- oder Reinigungsmitteln auftreten.

Zum anderen gilt auch bei Milch und Milchprodukten der von Paracelsus geprägte Satz „Die Dosis macht das Gift!". Vor allem Käseliebhaber wollen wir deshalb darauf hinweisen, die Köstlichkeiten gebührend, aber in Maßen zu genießen. Denn in 15 g Hartkäse oder 30 g Frischkäse verbergen sich immerhin 100 ml Milch. Diese wird bei der Verarbeitung derart konzentriert, daß bereits 5 Scheiben Schnittkäse die gesamte Tagesration an Milchprodukten eines Erwachsenen abdecken. Wer also nicht infolge einer vermehrten körperlichen Betätigung einen erhöhten Bedarf hat, tut leicht zuviel des Guten.

Milch und Milchprodukte sind ein schier unbegrenzbares Thema. Viele gesundheitliche Tips haben in diesem Buch ihren Platz gefunden. Wir sind Ihnen dankbar für weitere Anregungen, Rezepte und Hausmittel, die Sie uns und unseren Leserinnen und Lesern für eine nächste, zu überarbeitende Auflage zusenden wollen.

Wir hoffen, daß wir Ihnen nicht nur wohlschmeckende Rezepte und das Grundwissen sowie Handrüstzeug zur Selbstherstellung von Milchprodukten mit auf den Weg gegeben haben, sondern daß wir Ihnen auch die nötige Information für einen vernünftigen Umgang mit diesem wertvollen Lebensmittel übermitteln konnten. Möge der Genuß von Milch und Milchprodukten nicht nur Ihrem Körper wohl bekommen, sondern auch Ihrer Seele guttun und somit im wahrsten Sinne „Leib und Seele zusammenhalten".

Lotte und Ingeborg Hanreich

ERKLÄRUNG VON FACHBEGRIFFEN

Dickete oder Gallerte
Nachdem die Milch für die Käseherstellung eingelabt worden ist, stockt sie zu einer puddingartigen Gallerte oder Dickete. Diese wird geschnitten oder verschöpft, manchmal auch gerührt, damit die Molke entweichen kann.

Säurewecker
Der Säurewecker, auch Säurestarter genannt, bewirkt eine gezielte Säuerung. Er wird der Milch meist in Form von 1–3 % Buttermilch, Sauermilch oder spezieller in Labors zusammengestellter Säurekulturen ¼ bis ½ Stunde vor dem Einlaben zugefügt.

Säuerung
a) *Wilde Säuerung*
Damit die Milch sauer wird, kann man die unpasteurisierte, ungekühlte Milch bei etwa 22 bis 25° C stehen lassen, bis eine „wilde" Säuerung erfolgt. Sie entsteht durch die natürlichen Säurebakterien, die in der Milch vorkommen, wenn sie sich bei dieser Temperatur vermehren.
b) *Gezielte Säuerung*
Da bei der Pasteurisation sämtliche Bakterien, auch die zur Säuerung wichtigen Milchsäurebakterien, abgetötet werden, muß zur Säuerung von bereits pasteurisierter Milch Säurekultur zugesetzt werden. Dies erfolgt meist gezielt, das heißt, daß nur gewünschte Bakterien zugesetzt werden, die sich bei entsprechenden Temperaturen vermehren sollen. Pasteurisierte Milch wird dazu auf die entsprechende Temperatur, meist 22 bis 25° C, erwärmt.
Gibt man zu unpasteurisierter Milch Säurewecker, so erfolgt ebenfalls eine gezieltere Säuerung, weil die zugesetzten Bakterien überwiegen und sich schnell vermehren. Dadurch werden die ungewünschten Bakterien im Wachstum gehemmt und die gewünschte Säuerung erzielt.

Thermophile Bakterien
Unter thermophilen Bakterien versteht man solche, die sich bei Temperaturen von 42° C und darüber optimal vermehren.

Mesophile Bakterien
Das Wachstum von mesophilen Bakterien erfolgt am besten bei Temperaturen von 20° C bis 42° C. Zur Joghurtherstellung sind sowohl thermophile als auch mesophile Bakterien wichtig. Die „Bebrütung" von Joghurt findet bei fallenden Temperaturen zwischen 45° und 35° C statt.

Erklärung von Fachbegriffen

Probiotisch
Der Begriff „Probioticum" stammt aus dem Griechischen und bedeutet „für das Leben" – im Gegensatz zum „Antibioticum", was „gegen das Leben" heißt. Probiotische Bakterien sind also ganz allgemein „für das Leben". Dazu zählt man den *lactobacillus acidophilus* und den *lactobbacillus casei*. Diese Bakterien werden Joghurt, aber auch anderen Lebensmitteln zugefügt. Sie gelangen zum Teil unverdaut in die tieferen Darmabschnitte und besiedeln die Oberfläche der Darmschleimhaut, wenn diese infolge einer längeren Antibiotika-Einnahme kaum besiedelt ist. Dabei konkurrieren sie mit Krankheitserregern, weshalb ihnen eine gesundheitsfördernde Wirkung zugeschrieben wird.

Präbiotisch
Als „präbiotisch" werden wasserlösliche Stoffe – Fructooligosaccharide und Inulin – bezeichnet, die den körpereigenen Bakterienstämmen im Dickdarm bzw. probiotischen Bakterien als Nahrung dienen und sie zu Aktivität und Wachstum anregen können.

Synbiotisch
Sind probiotische Bakterien und Präbiotika gemeinsam in einem Produkt aufeinander abgestimmt, so nennt man dieses „synbiotisch" bzw. „Synbioticum".
Probiotische, präbiotische und synbiotische Lebensmittel sollen dazu dienen, die Gesundheit des Menschen zu fördern.

Rechtsdrehende und linksdrehende Milchsäure
Bei der Zubereitung von Joghurt und anderen Sauermilchprodukten entsteht Milchsäure, die in zwei „optisch verschiedenen" Formen vorkommen kann.
Läßt man eine einzelne Lichtwelle auf diese beiden Strukturen auftreffen, so wird der Strahl in einem Fall nach rechts abgedreht, im anderen Fall nach links abgelenkt. Im Körper des Menschen wird beim Verbrauch von Energie – z.B. bei längerer Muskeltätigkeit – Milchsäure gebildet, die eine rechtsdrehende Form hat. Daher kann rechtsdrehende Milchsäure aus Sauermilchprodukten sehr rasch im Stoffwechsel verarbeitet werden. Linksdrehende Milchsäure hingegen wird im Körper nur langsam abgebaut und ausgeschieden. Werden extrem hohe Mengen dieser Milchsäure mit der Nahrung aufgenommen, so belastet diese das Säuregleichgewicht des Blutes. Dazu müßte jedoch mehr als 1 kg Joghurt pro Tag verzehrt werden. Empfohlen wird jedoch der Genuß von 1–2 Bechern täglich.

Abkürzungen
EL = Eßlöffel
TL = Teelöffel

LITERATUR

Agrarmarkt Austria, „Butter ABC", Broschüre, AMA, 1998
Agrarmarkt Austria, „Joghurt ABC", Broschüre, AMA, 1998
Agrarmarkt Austria, „Käse ABC", Broschüre, AMA, 1999
Agrarmarkt Austria, „Fit und Schlank mit Milch & Co" Broschüre, AMA, 1998
Auswertungs- und Informationsdienst für Ernährung, „aid Spezial", Broschüren: „Probiotische Milchprodukte", „Milch und Milcherzeugnisse", Landwirtschaft und Forsten (aid) e.V., Bonn, o. J.
Carper, Jean: „Nahrung ist die beste Medizin", Econ Ratgeber, München, o. J.
ERNTE für das Leben – Oberösterreich: „Schafmilch und Schafkäse", Falter, Linz, 1996
Ginzinger, Wolfgang: „Almkäse, nicht nur meßbar besser", Blick ins Land, Wien, Folge 7/1999
GZE, Gesellschaft für zeitgemäße Ernährung: „Milch und Milchprodukte", Broschüre, Wien, 1996
Hanreich, Ingeborg : „Essen und Trinken im Säuglingsalter", Verlag I. Hanreich, 2. Aufl. Wien, 1998
Hanreich, Ingeborg – Macho, Britta „Pfiffige Rezepte für kleine und große Leute", Verlag I. Hanreich, Wien, 1998
Hanreich, Lotte – Zeltner, Edith: „Käsen leicht gemacht", Leopold Stocker Verlag, 6. Aufl., Graz, 1998
Helger, Lutz: „Das große Buch vom Käse", Wilhelm Möller Verlag, Wiesbaden, 1980
Hess, Olga – Hess, Adolf F.: „Wiener Küche", Sammlung von Kochrezepten, Franz Deutike, 33. Aufl., Wien, 1963
Kurier „Milch und Käse", Extrabeilage, Wien, 14. Jänner 1995
Magazin der Hausfrau – Milchinformation, „Goldrichtig Topfen", „Sommer-Gerichte", Sammelband 1989, ÖMIG, Wien, 1989
Milchwirtschaftliche Berichte aus den Bundesanstalten Wolfpassing und Rotholz, 1986
Mutters handgeschriebenes Kochbuch, 1932–1960
Pilsl, Monika: „Zwiebel auf Insektenstich". Altbewährte Hilfen bei kleinen und großen Wehwehchen, Neff's Kleine Hausbibliothek, Verlagsunion D-76457 Rastatt, 1991
Pollmer, Udo: „Wie gesund sind Probiotika?", ZS Natur und Kosmos, München, Mai 1999
Renner, Edmund: „Milch und Milchprodukte in der Ernährung des Menschen", Verlag Th. Mann KG, Gelsenkirchen-Buer, Aufl. 1982
Schiller, Reinhard: „Heilige Hildegard – Ernährungslehre", Econ Verlag, München, 1996
Schwintzer, Ida:"Das Milchschaf", Ulmer Verlag, 2. Aufl., Stuttgart, 1983
„Welt der Frau", Journal, 7./8. 1999
Wissenschaftlicher Informationsdienst des Europäischen Institutes für Lebensmittel- und Ernährungswissenschaften e.V. „E.U.L.E.N-SPIEGEL", D-65239 Hochheim
VEÖ: „Einblicke", Zeitschrift des Verbandes der Ernährungswissenschafter Österreichs, 2/99, 8. Jg., Mai 1999, Wien.
Ziegenbein, Hans – Eckel, Julius: „Was koche ich heute?" Wiener Küche, Wehrle-Höfels Verlag, Wien, 1931

ALLES FÜR KÄS`& CO
BERATUNG-VERKAUF-VERSAND

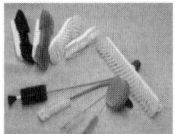  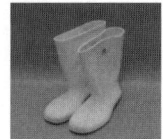 

-Reinigung-   -Lab-   -Arbeitsbekleidung-   -Käseformen-
-Bürsten-   -Kulturen-   -Verpackung-   -Käsetücher-
-Hygiene-   -Laborbedarf-   -Thermometer-   -und vieles mehr-

Glück Hildegard Käsereibedarf A-5222 Munderfing 44, 07744/6071, kaesereibedarf@aon.at

**Sudetenstr. 17
D-87527 Sonthofen**

**Tel. +49-8321-805888
Fax +49-8321-805889
info@effingerklaus.de
www.effingerklaus.de**

Alles für die Kleinkäserei
Bitte fordern Sie unseren kostenlosen Katalog an!

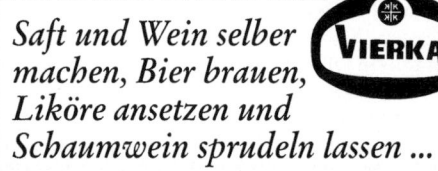

Saft und Wein selber machen, Bier brauen, Liköre ansetzen und Schaumwein sprudeln lassen ...

Wir liefern Ihnen alles, was Sie dazu brauchen nach Hause:
● Weinhefen ● Geräte ● Behälter
● Behandlungsmittel ● viele Rezepte und Bücher.
Im Rahmen unseres Reform-Programmes bieten wir Ihnen **Gewürze, Tees, Kräuter und Salben.**

Bitte Gratisinfo anfordern!

Vierka, Friedrich Sauer
Weinhefezuchtanstalt,
Postfach 13 28
D-97628
Bad Königshofen
Tel. 0049(0)9761/9188-0
Fax. 0049(0)9761/9188-44
www.vierka.de
mail@vierka.de

Käsereibedarf

Für Profi- und Hobbykäser

Wir versenden alle zur Herstellung von Käse, Joghurt, Quark und Butter benötigten Gerätschaften.

Jay Brady
Hinterdorfstraße 18
D-36154 Hosenfeld-Hainzell
Tel. u. Fax 0049/66 50/15 60
www.kaesereibedarf.de

Aus unserem Angebot

- **Käsereipaket:** Alles für den Einstieg
- **Lab, Säurekulturen und Kefir, Schimmel- u. Bakterienkulturen**
- **Käsepressen, Käseharfen, Formen, Wannen**
- **Buttermaschinen-Zentrifugen, Meßgeräte**
- **Käserei- und Pasteurisierungsanlagen usw.**

Fordern Sie unsere kostenlosen Prospekte an!

JOSEF HUNDSBICHLER KG
ÖSTERREICHISCHE LABERZEUGUNG
A-6336 LANGKAMPFEN / KUFSTEIN

Tel. 05372-62256
Fax 05372-62256-8

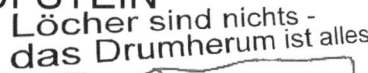
Löcher sind nichts - das Drumherum ist alles

Labpulver ohne Konservierungsstoffe
Labextrakt als reines Naturprodukt
großes Sortiment an **Käsereibedarf**
Bitte unseren kostenlosen Prospekt anfordern

BRENNEREIFACHBEDARF

FLASCHEN

SERVICE

BERATUNG

KATALOG GRATIS
Luchner Herwig
A-6130 Pill 9a
Tel.: 0 52 42 / 63 2 42
Fax: 0 52 42 / 66 1 16
brelu@netway.at

 **BETRIEBSMITTEL HANDELS GMBH & COKG**

Ihr Ansprechpartner für Bedarfsartikel

Verpackungsmaterial
für Milch, Joghurt, Käse, Butter, Topfen
(Flaschen, Verschlüsse, Becher, Steigen,
diverse Kartonagen, usw.)

Hilfsstoffe
(Lab, Kulturen, Calciumchlorid, Speisesalz, usw.)

Laborbedarf
(Pipetten, Butyrometer, pH-Meter, usw.)

Reinigungsmittel

Pasteuranlagen

Käsewannen

Zusätze
Fruchtzubereitungen in verschiedenen Verpackungseinheiten, weiters Kakao-, Eiskaffee- und diverse Gewürze
(biologisch, genfrei – auf Anfrage)

BHG Betriebsmittel, Zentrale Altheim, Gallenberg 14, 4950 Altheim
Tel.: (0 77 23) 44 8 20-0, Fax: (0 77 23) 44 8 20-49
E-Mail: office-altheim@bhg.co.at, Homepage: **www.bhg.co.at**

BHG Betriebsmittel Graz
Dr. Auner Straße 22,
8074 Raaba
Tel.: (0 316) 76 30 20
Fax: (0 316) 76 30 20-30
E-Mail: office-graz@bhg.co.at

BHG Betriebsmittel Innsbruck
Valiergasse 15, 6020 Innsbruck
Tel.: (0 512) 39 84 06,
Fax: (0 512) 39 87 06
E-Mail: erwin.obrist@bhg.co.at

BHG Betriebsmittel Wien
Trauzlgasse 4, 1210 Wien
Tel.: (01) 272 63 36,
Fax: (01) 272 63 36-28
E-Mail: office-wien@bhg.co.at